Klaus Doppler

Der kleine Kämpfer

und sein Weg

ins Glück

KLAUS DOPPLER

Der kleine Kämpfer und sein Weg ins Glück

Mit Zeichnungen
von Katja Bandlow

MURMANN

Die Deutsche Bibliothek – CIP-Einheitsaufnahme
Ein Titelsatz für diese Publikation ist bei
der Deutschen Bibliothek erhältlich.
ISBN 978-3-86774-064-7

1. Auflage, März 2009

Umschlaggestaltung: Rothfos & Gabler, Hamburg
Illustrationen: © Katja Bandlow, www.auserlesen-ausgezeichnet.de
Herstellung und Gestaltung: Eberhard Delius, Berlin
Satz: Presse- und Verlagsservice, Erding
Gesetzt aus der Minion und der Berliner Grotesk
Druck und Bindung:
Freiburger Graphische Betriebe, Freiburg
Printed in Germany

Inhalt

Was ich nicht tue,
wird nicht geschehen

Der kleine Kämpfer in seinem kleinen Dorf

Andere Jungen waren körperlich stärker und mutiger als er, zum Beispiel sein älterer Bruder, der auch ein toller Fußballspieler war. Der kleine Kämpfer traute sich dagegen, wo es um Kraft, Geschicklichkeit und körperliches Durchsetzungsvermögen ging, nicht viel zu. Auch hatte er Angst vor Hunden, und er hatte Angst vor Pferden. Er traute sich später auch nicht, ein Pferd mit der Hand zu füttern, aus Angst, es könnte ihm in die Hand beißen, obwohl er oft bei seinem Vater beobachtet hatte, wie selbst wildfremde Pferde das Futter nie mit den Zähnen, sondern immer nur mit den Lippen aufnahmen. Er hatte Angst, wenn er allein im Wald war, und er hatte eine Heidenangst vor der Dunkelheit. Wenn er nach Hause kam und niemand aus der Familie da war, durchsuchte er voller Bangen das ganze Haus, öffnete jeden Schrank, durchsuchte jede Kommode, schaute unter den Tisch und die Sitzbank, um sich zu vergewissern, dass sich niemand eingeschlichen hatte, der ihm hätte Böses zufügen und gegen den er sich nicht hätte wehren können. Vielleicht hatte diese Angst aber auch Vorteile. Sie machte ihn vorsichtig und hielt ihn davon ab, sich auf übermütige körperliche Abenteuer einzulassen.

Auf der anderen Seite war der kleine Kämpfer sehr risikofreudig und hartnäckig, wenn es darum ging, Kontakte zu knüpfen. Er hatte keinerlei Scheu vor fremden Menschen. Ganz gleich, ob er die Menschen schon einmal getroffen hatte oder ob sie ihm völlig fremd waren, gleichgültig, ob er etwas von ihnen wusste oder nicht, ob sie im Moment offen oder verschlossen schienen, er ließ sich nicht entmutigen. Er traute sich immer, den ersten Schritt zu machen, und war überzeugt, am Ende erfolgreich zu sein. Kam er mit einem ersten Versuch nicht gleich ans Ziel, so ließ er sich davon in keiner Weise abschrecken. Einen anfänglichen Misserfolg erlebte er nicht als persönliche Zurückweisung, sondern erklärte sich dies mit der jeweiligen Situation, in der die Menschen gerade waren – und probierte es ein anderes Mal aufs Neue. Wenn er nicht durch die Vordertür ins Haus kam, versuchte er es eben durch die Hintertür. Wenn er nicht direkt an die Person, die er treffen wollte, herankam, dann nutzte er jemand anderen als Mittler. Wenn es auch beim zweiten Mal nicht klappte, dann versuchte er es eben ein drittes Mal. In dieser Hinsicht hatte der kleine Kämpfer ein kaum zu erschütterndes Grundvertrauen.

Im Dorf

Er war in einem kleineren Dorf als jüngstes von fünf Geschwistern in einer Arbeiterfamilie auf die Welt gekommen. Sie wohnten mitten im Ort zur Miete in einem Austragshäuschen, das zu einem kleinen Bauernhof gehörte. Es gab nur drei Zimmer im Haus: eine kleine Wohnküche, das Schlafzimmer der Eltern und ein Zimmer mit schiefen Wänden und drei Betten direkt unter dem Dach für die Kinder. Er schlief mit seinem Bruder in einem Bett. Die Unterlage war keine richtige Matratze wie im elterlichen Schlafzimmer, sondern ein Strohsack. Er vermisste die Matratze überhaupt nicht. Im Gegenteil, er fand es lustig, sich am Sonntagmorgen, wenn sie nicht zur Schule mussten und länger schlafen konnten, mit seinem Bruder so wild im Bett zu balgen, dass am Schluss das ganze Zimmer voller Strohhalme war. Die Strohsäcke mussten dann neu gefüllt werden, aber das war ja nicht teuer. Stroh gab es beim Bauern im Überfluss. Er war zufrieden und glücklich, ihm fehlte nichts. Er war nichts anderes gewohnt als das, was es gab und wie es eben war. Er bekam allerdings mit, dass seine Mutter im Gegensatz zu anderen Leuten im Dorf am Abend häufig nicht wusste, wie sie am nächsten Tag ihre Kinder ernähren sollte. Sie war jeden Tag aufs Neue darauf angewiesen, im Dorf Arbeit zu finden und von den Bauern Lebensmittel zu kaufen oder diese von besonders gütigen Bauern als Zugabe zum geringen Lohn einer Tagelöhnerin geschenkt zu bekommen. Manchmal hörte er auch, wie sich Leute im Dorf über seine Eltern wunderten, wie die es schafften, dass die Kinder trotz Armut zwar mit geflickter Kleidung, aber immer sehr sauber und ordentlich daherkamen. Aber auch das war für ihn normal, er kannte nichts anderes.

Im Dorf gab es unterschiedliche Arten von Menschen. Da waren zunächst die Bauern. Die besaßen eigene Häuser, Äcker, Kühe, Schweine, Hühner, einige auch Pferde und Maschinen. Es gab zwar Unterschiede zwischen den großen und den kleineren Bauern, aber nicht so groß, dass es zwei unterschiedliche Gruppen gewesen wären. Viele Bauern waren miteinander verwandt – und so half man sich gegenseitig aus, wenn Not am Mann war – mit den Arbeitskräften, den Arbeitstieren und auch mit den Maschinen. Einige Bauern hatten noch zusätzlich ein Wirtshaus. Die Bauern bildeten die größte Gruppe im Dorf und hatten das Sagen.

Dann gab es im Dorf einige Arbeiter mit ihren Familien. Diese arbeiteten tagsüber in kleineren Betrieben in der Nähe oder im Zwölf-Stunden-Schichtbetrieb in dem großen Chemieunternehmen der weiter entfernt liegenden Großstadt. Die Arbeiter hatten im Dorf keine große Bedeutung. Sie wurden von den Bauern nur geschätzt, wenn sie abends nach ihrer regulären Arbeitszeit oder in ihrer schichtfreien Zeit als Aushilfe für die Feldarbeit zur Verfügung standen – was die Bauern auch völlig ungeniert ohne jede Rücksicht auf deren eigentliche Arbeit in Anspruch nahmen, ja geradezu forderten.

Zu dieser Gruppe gehörte auch sein Vater. Früher hatte er sich als Knecht in einer Mühle verdingt. Dann arbeitete er als Hilfskraft in der kleinen Firma seines Bruders nur wenige Kilometer vom Dorf entfernt. Schließlich war es ihm gelungen, einen der hochbegehrten Arbeitsplätze in dem großen Chemieunternehmen zu bekommen. Er benötigte mehr als zwei Stunden, um seinen Arbeitsplatz zu erreichen, und die gleiche Zeit, um wieder nach Hause zu kommen. Wenn seine Schicht morgens um sechs begann, musste er auch mitten im Winter um drei Uhr aufstehen, bei Wind und Wetter mit dem Fahrrad mehr als zehn Kilometer zum nächstgelegenen Bahnhof fahren, um dann von dort mit dem Zug zur Fabrik zu gelangen. Erst später konnte er sich ein Moped leisten. Der kleine Kämpfer war voller Achtung für seinen Vater.

Eine besondere Gruppe von Arbeitenden bildeten die Frauen, die sich bei den Bauern verdingten, um im Haushalt oder auch bei der Feldarbeit zu helfen. Dazu gehörte seine Mutter. Als jüngstes Kind durfte er sie oft begleiten. Deshalb wusste er auch, was sie machte: Sie putzte bei den Bauern die Wohnung, wusch und bügelte ihre Wäsche, jätete auf den Feldern das Unkraut und arbeitete als Erntehelferin. Bei der Feldarbeit half er mit –

und spürte deshalb oft am eigenen Leib, wie anstrengend diese Tätigkeit war.

Dann gab es im Dorf die Beamten: bei der Post, bei der Bahn, bei der Landwirtschaftsgenossenschaft und bei der Gemeindeverwaltung. Es waren nicht allzu viele. Aber diese wenigen standen hoch im Kurs. Sie waren für ihr ganzes Leben abgesichert. Und das war schon etwas ganz Besonderes. Die Bauern konnten durch Unwetter Ernteeinbußen erleiden – und das war nicht selten der Fall. Arbeiter konnten ihren Arbeitsplatz verlieren oder sogar längere Zeit arbeitslos sein. Die Entwicklung der Beamten war dagegen genau berechenbar – es ging immer nur nach oben. Aus den Bemerkungen, die er darüber gelegentlich aufschnappte, gewann er allerdings die Überzeugung, dass nur die Kinder der Beamten das Recht und die Chance hatten, selbst wieder in die Beamtenlaufbahn einzutreten. Deshalb wäre er als Arbeiterkind nie auf den Gedanken gekommen, Beamter werden zu wollen.

Und es gab noch eine vierte, ganz spezielle Gruppe von Menschen. Dazu gehörten die Geschäftsleute, der Arzt, die beiden Pfarrer, der Dentist, die katholischen Ordensschwestern und die Lehrer. Das waren lauter Leute, vor denen er eine besondere Achtung haben sollte und auch hatte. Nicht, dass er sich ihnen gegenüber klein oder minderwertig vorgekommen wäre. Er hatte einfach den Eindruck, dass sie etwas Besonderes waren – und das machte ihn neugierig.

Spontane Freude am Kontakt

Ihn interessierten aber, trotz der Unterschiede, alle Menschen: Ob reich oder arm, Bauer oder Arbeiter, alt oder jung, gescheit oder beschränkt – alle waren für ihn gleich interessant, und er war neugierig, mit ihnen Kontakt aufzunehmen und zu pflegen. Er hatte dabei immer den Eindruck, willkommen zu sein. Ab und zu ließen ihn seine Geschwister ihre Verwunderung darüber spüren, wenn er ihnen erzählte, wen alles er besucht oder getroffen hatte. In dieser Hinsicht waren sie viel zurückhaltender. Der kleine Kämpfer war einfach neugierig und ohne jede Scheu vor Menschen. Er spürte, dass er das erreichte, was er erreichen wollte, ohne es eigentlich genau geplant zu haben. Er konnte einfach gut Beziehungen herstellen. Es wäre ihm nie in den Sinn gekommen, dass er auch hätte scheitern können.

Jeder Kontakt war für ihn ein schönes Erlebnis – und er hatte nicht den geringsten Zweifel daran, dass die Menschen, mit denen er Kontakt aufnahm, diesen nicht auch als angenehm empfinden würden. Und wahrscheinlich war das auch das eigentliche Geheimnis seines Erfolges. Für ihn war das alles so selbstverständlich, dass er in keiner Sekunde darüber nachdachte. Dieses spontane selbstsichere Auftreten war wohl auch der Grund, dass man ihm die Angst, die es auch in ihm gab, nicht ansah. Und es war wohl auch die Anerkennung aus seinem Umfeld, die ihn stärker erscheinen ließ, ihn sogar mit der Zeit tatsächlich stärker machte, als er wirklich war. Er war einfach erfinderisch, um sich auch ohne körperliche Stärke Ansehen und Geltung zu verschaffen. Er konnte sich nur an eine einzige Situation erinnern, in der er leichtfertig, ohne groß nachzudenken, dieser Richtschnur fast untreu geworden wäre, ihn aber sein Vater so zurecht gewiesen hatte, dass er es in seinem ganzen Leben nie vergaß. Er war mit seinem Vater zu Fuß unterwegs. Als sie an einem kleinen, etwas heruntergekommenen Haus vorbeigingen, machte der kleine Kämpfer, ohne sich etwas dabei zu denken, über die Bewohner eine abfällige Bemerkung, die er irgendwo aufgeschnappt hatte. Wie ein Blitz aus heiterem Himmel traf ihn die Zurechtweisung seines Vaters, dass diese Menschen es nicht verdient hätten, nur wegen ihrer Armut missachtet zu werden. Eine solche Empörung hatte er bei seinem Vater weder zuvor noch später jemals wieder erlebt.

Der interessierte Zuhörer

Der kleine Kämpfer war auch ein guter Erzähler. Es fiel ihm überhaupt nicht schwer, stundenlang den Unterhalter zu spielen. Andererseits konnte er unermüdlich Fragen stellen, um seine grenzenlose Neugierde zu befriedigen. Einmal bot man ihm sogar eine Belohnung an, wenn er wenigstens für einige Minuten Ruhe geben würde.

Aber zuzuhören, das war ihm das Allerliebste. Ihn interessierte alles, was die Menschen erzählten, und ihn interessierten auch die Menschen selbst, die erzählten. Und dieses Interesse konnte man ihm wohl auch anmerken. Die Menschen schätzten ihn einfach als guten Zuhörer. Als er Jahre später über solche Situationen nachdachte, wunderte ihn noch nachträglich, wie häufig Erwachsene mit ihm auch über Angelegenheiten sprachen, über die sie sich normalerweise nur mit ihresgleichen auszutauschen pflegten.

Männer und Frauen

Die Männer sprachen viel darüber, was man alles tun sollte, was andere – vor allem der Lehrer, der Pfarrer, der Bürgermeister – alles falsch machten und was für großartige Sachen sie selbst früher in ihrer Jugend oder im Krieg oder sonst wo geleistet hatten. Sie saßen im Gasthaus, redeten, erregten sich dabei, wurden immer lauter, keiner hörte dem anderen zu – und tranken gleichzeitig Wein oder Bier und spielten Karten. Des Öfteren setzte er sich einfach dazu, und solange er sich nicht störend einmischte, durfte er bleiben und zuhören. Dem kleinen Kämpfer gefielen solche Szenen. Alle erwachsenen Männer waren wichtige Leute, und alle waren Helden. Sie versuchten, sich gegenseitig mit ihren Heldentaten zu übertrumpfen. Er war ganz fasziniert. War sein Vater daheim, dann war von diesem Heldentum allerdings nichts mehr zu spüren. Zu Hause hatte die Mutter das Sagen. Vielleicht, so dachte sich der kleine Kämpfer, war das auch nicht die richtige Umgebung für ein Heldenleben. Der Held braucht eine Bühne, wo er auftreten kann und wo andere ihm zuhören müssen – zumindest wo andere das Publikum abgeben, auch wenn sie vielleicht nicht zuhören, sondern nur auf ein Stichwort warten, das ihnen die Chance bietet, selbst das Wort zu ergreifen.

Daheim war keine Bühne. Da ging es um die alltägliche Sorge, ob genügend Geld für das Allernotwendigste vorhanden war, da ging es um Lernen, um Saubermachen, um Essen, da ging es darum zu organisieren, was auf dem normalen Weg auch nicht zu erhalten war. Da gab die Mutter den Ton an.

Frauen, das merkte der kleine Kämpfer bald, waren anders als Männer. Frauen waren keine Helden. Das konnte auch gar nicht sein, weil es keine weibliche Bezeichnung für Helden gab. Man konnte doch nicht von Heldinnen sprechen. Das hätte wirklich komisch geklungen. Nein, die Frauen im Dorf waren fleißig und fromm oder regten sich über fromme Frauen auf, weil diese falsch wie die Nacht waren – und der liebe Gott da droben schon sehen würde, dass die frommen Kirchenspringer nicht unbedingt auch die wirklich guten Menschen waren. So hatte er eines Tages seine Mutter sich Luft machen hören, als sie die Nachbarsfrau pünktlich beim Sonntagsläuten, vorbei am offenen Küchenfenster, in die Kirche eilen sah, während sie selbst noch so viel im Haus zu erledigen hatte, dass überhaupt nicht daran zu denken war, zur Messe zu gehen. Also, was waren Frauen?

Auch Frauen redeten gern und viel. Das merkte er sehr schnell. Aber es gab einen großen Unterschied zu den Männern: Frauen sprachen nicht über das, was sie schon alles Großes geleistet hatten. Sie berichteten nie von Ruhmes- und Heldentaten. Frauen hielten sich nicht für so wichtig, um sich in den Vordergrund zu stellen. Sie sprachen darüber, was sie alles tun sollten, welche Aufgaben auf ihnen lasteten, und, das verblüffte den kleinen Kämpfer am meisten, sie zeigten auch Interesse an seiner Meinung, obwohl er doch noch ein Kind war, an seinen Vorstellungen und Ideen. Obgleich er noch so jung war, hatte er den Eindruck, die Frauen waren sogar an seinem Rat interessiert.

Und so lernte der kleine Kämpfer: Wenn man etwas darstellen will, ohne gleich den großen Helden zu spielen und damit das Risiko einzugehen, anderen in die Quere zu kommen und von ihnen überrannt zu werden, dann kann man zum Beispiel einfach für andere eine Bühne sein. Man ist Zuschauer, Zuhörer, Souffleur und Bühnenarbeiter in einem. Das hilft bei Männern immer, mehr, als wenn man ihnen in der Kegelbahn die Kegel aufstellt, das hilft aber auch bei Frauen. Dabei sein, alles mitbekommen, aber nicht bloß wie die Darsteller auf der Bühne stehen, sondern die Bühne selbst sein.

Mit der Zeit lernte der kleine Kämpfer einen wichtigen Unterschied: Männer brauchen eine andere Bühne als Frauen, mit anderen Requisiten und mit jeweils anderem Verhalten. Die Bühne für Männer muss sich deutlich vom normalen Lebens- oder Arbeitsplatz unterscheiden: Sie muss entweder wie eine Arena gebaut sein, auf deren Aktionsfeld man von oben herab von jedem Platz aus alles ganz genau miterleben kann, oder eine Bühne wie im Theater, ungefähr eineinhalb Meter höher

als der Zuschauerraum. Männliche Bühnen sind fast immer klar erkennbar. Wenn Männer auftreten, muss das Publikum staunen, voller Ehrfurcht erstarren oder, noch besser: applaudieren. Männer leben übrigens fast immer auf der Bühne, selbst wenn sie ganz alleine sind.

Die Bühne von Frauen ist viel schwieriger auszumachen. Bei den meisten, stellte er fest, gibt es überhaupt keine besondere Bühne. Sie sprechen über das, was sie für ihren normalen Alltag und für ihre normale Arbeit halten. Im Gegensatz zu den Männern heben sie sich und das, was sie tun und leisten, nicht besonders hervor. Es gab allerdings auch einige Frauen, die beim Reden über ihren Alltag eine ganz besondere, kaum sichtbare und trotzdem klar erkennbare Bühne aufbauten: ein kleiner Hauch, eine winzige Zutat, die darin bestand, das Selbstverständliche der alltäglichen Belastung und Leistung so zu betonen, dass dem kleinen Kämpfer beim Zuhören deutlich wurde, dass dieses Selbstverständliche eigentlich gar nicht als so selbstverständlich angesehen werden durfte. Eine Art von so demonstrativer Bescheidenheit, dass er spürte, dass eigentlich, wie beim Helden, hier auch besondere Bewunderung erwartet wurde. Aber solche Frauen waren die Ausnahmen. Und so lernte der kleine Kämpfer für sich: Männer profilieren sich am häufigsten durch Heldentaten und inszenieren dadurch ihre Bedeutsamkeit. Wenn Frauen eine Bühne benutzen, dann profilieren sie sich eher durch Dienstfertigkeit und ihr Sorge für andere, manchmal bis zur Bereitschaft, sich aufzuopfern, und inszenieren dadurch ihre Bescheidenheit. Der kleine Kämpfer erkannte diesen Unterschied und hatte für beide Aufführungen die richtigen Requisiten parat und das dazu passende Verhalten.

Urvertrauen

Erst viel später begann sich der kleine Kämpfer zu fragen, wieso er trotz der Ängstlichkeit in seinem Körper ein so starkes Vertrauen zu seinem Umfeld und zu sich selbst hatte aufbauen können, um derart arglos, spontan und kontaktfreudig auf andere zugehen zu können. Es war wohl das Empfinden, von allen bedingungslos akzeptiert zu sein. Die Grundlage dafür lag auf jeden Fall in der Familie. Bei aller Armut hatten weder seine Eltern noch seine Geschwister, noch seine Großmutter, die in ähnlich armen Verhältnissen lebte, wegen ihrer bescheidenen Lebensumstände ein Gefühl von Minderwertigkeit. Im Gegenteil, irgendwie war sonnenklar: »Wer mehr besitzt als wir, ist deshalb noch lange nicht mehr wert« und »Wir werden das schon schaffen«.

Bei den Erwachsenen galt der kleine Kämpfer als kluges und aufgewecktes Kind. Bei den Gleichaltrigen war er schon deshalb beliebt, weil er einigen Schulkameraden ganz selbstverständlich und gerne bei ihren Hausaufgaben half.

Und speziell diese Mischung aus geradezu selbstverständlicher Entschlossenheit und unerschütterlicher Ausdauer, gepaart mit seiner felsenfesten Überzeugung, am Ende sein Ziel zu erreichen, waren der Grund, dass er in seinem Umfeld liebevoll als kleiner Kämpfer bezeichnet wurde. Erst viel später erzählte ihm seine Mutter, dass diese Bezeichnung auch Sinnbild dafür sein könnte, dass er überhaupt auf der Welt sei. Eigentlich sei er nicht geplant gewesen. Mit vier Kindern habe sie gemeint, doch ausreichend mit Nachkommen gesegnet zu sein. Im Nachhinein freue sie sich allerdings sehr, dass es ihn gäbe – und das spürte er auch –, aber es bleibe ihr unerklärlich, wie es ihm trotz aller Vorsichtsmaßnahmen gelungen sei, sich Zugang zur Welt zu verschaffen.

Der kleine Kämpfer als kleiner Unternehmer

Sobald er lesen, schreiben und rechnen konnte – und begonnen hatte er damit schon aus Lust und eigenem Antrieb, bevor er überhaupt mit sieben Jahren in die Schule kam –, spürte der kleine Kämpfer, wie es ihm Spaß machte, Dinge in die Hand zu nehmen, sie voranzutreiben und auch Geschäfte zu machen. Er wollte etwas bewerkstelligen, etwas erreichen, seine Begabung zeigen, seine Welt ausweiten, in der er handeln und die er gestalten konnte. Seine Freude am Kontakt mit anderen Menschen lieferte ihm dafür eine natürliche Grundlage. Er hatte keinen speziellen Plan, sondern er ergriff einfach die Gelegenheiten, die sich ihm boten. Und er konnte sich noch viel später, als er längst erwachsen war, an einige für ihn besonders prägende Episoden erinnern.

Der Eisverkäufer

In der Nachbarschaft befand sich ein Krämerladen. Der kleine Kämpfer ging gerne in das Geschäft, um beim Verkaufen zuzuschauen. Nach einiger Zeit waren ihm die Vorgänge so geläufig und er mit der Besitzerin so vertraut, dass sie ihm manchmal erlaubte, ihr beim Verkaufen zu helfen. Er hatte eine schnelle Auffassungsgabe. Und so wusste er bald, wo die einzelnen Waren lagen, was sie kosteten, und die Kunden ließen sich gerne von ihm bedienen. Schließlich kam es so weit, dass die Inhaberin, wenn sie sich nach dem Mittagessen für ein Mittagsschläfchen auf die Küchenbank legte, ihm vertrauensvoll für diese Zeit den Verkauf im Geschäft ganz allein überließ.

Der Besitzer selbst war im Laden nur selten anzutreffen. Im Sommer, wenn es heiß war, gab es auch Eis zu kaufen, das er mit einer kleinen Maschine selbst produzierte. Er war sehr geschäftstüchtig und fuhr mit seinem kleinen Lieferwagen zusätzlich über Land, um sein Eis auch in anderen Dörfern anzubieten. In diesen Zeiten und in dieser Gegend war Speiseeis noch Mangelware. Eines Tages fragte er den kleinen Kämpfer, ob er sich denn vorstellen, ja ob es ihm vielleicht sogar gefallen könnte, beim Eisverkauf mitzuhelfen. Er habe im Schuppen einen kleinen Rollwagen stehen, in dem leicht zwei gekühlte Eisbehälter Platz finden würden. Den könnte er für ihn herrichten und zum Beispiel ganz in Weiß streichen. Damit würde er einen attraktiven fahrbaren Verkaufsstand haben, mit dem er durch die Straßen des Dorfes ziehen und seine Ware anpreisen könnte. Für die Bezahlung schlug er folgende Regelung vor: Er berechne für jeden vollen Behälter elf Mark. Alles, was der kleine Kämpfer darüber hinaus erlösen würde, dürfe er für sich behalten. Der kleine Kämpfer sagte voller Eifer zu. Zwei Sachen begeisterten ihn an diesem Angebot: Zum einen war ihm das Verkaufen eine Lust. Da konnte man mit Leuten in Kontakt treten, man hatte ja etwas zu bieten, das wertvoll war. Zum anderen war es das erste Mal, dass er richtig Geld verdienen konnte. Innerhalb weniger Tage war alles bereit, und der kleine Kämpfer konnte an einem Sonntagnachmittag mit dem Verkauf beginnen.

Alles lief so, wie er sich das vorgestellt hatte. Die Dorfbewohner reagierten ausnehmend wohlwollend, als sie ihn mit seinem kleinen Handwagen daherkommen sahen. Aber gleich am ersten Tag gab es die Nagelprobe für ihn als Unternehmer: Er war sehr sorgfältig, ja wenn er ehrlich war, fast kleinlich gewesen, wenn er die Eisportionen mit Hilfe eines Speziallöffels formte, um diese dann in einer Waffeltüte seinen Kunden zu überreichen. Manchmal gelang es ihm sogar, einen kleinen Hohlraum innerhalb der Eiskugel zu lassen, was sich natürlich günstig auf die Anzahl der möglichen Portionen auswirkte. Als der erste Behälter leer war und der kleine Kämpfer Kassensturz machte, hatte er bei der Abrechnung zwei Mark und dreißig Pfennig über dem Einkaufspreis für das Eis übrig, deutlich mehr, als er erwartet hatte. Der Inhaber fand diesen Betrag als Gewinn für den kleinen Jungen zu hoch und wollte nachträglich die Bedingungen ändern und seinen Abgabepreis erhöhen. Der kleine Kämpfer aber beharrte auf der ursprünglichen Absprache, fand in der ältesten Tochter des Kaufmanns, die die Vereinbarung miterlebt hatte, Unterstützung in seiner Forderung – und setzte sich schließlich durch. Voller Freude steckte er das verdiente Geld in seine Tasche, lief schnurstracks nach Hause, fand seine Mutter im Schlafzimmer, wohin sie sich zum Ausruhen von der harten Feldarbeit während der Woche zurückgezogen hatte, stellte fest, dass sie nicht schlief, und legte ihr voller Stolz sein erstes selbstverdientes Geld auf den Nachttisch als Beitrag zum Haushalt und erzählte ihr, wie er dafür gekämpft hatte.

Der Hirtenjunge

Die Bauern hatten Kühe und immer viel zu tun. Felder mussten bestellt werden, in den Ställen und der Scheune war immer irgendetwas herzurichten, und das andere Vieh – Schweine, Hühner, Ziegen – war auch zu versorgen. Wenn die Kühe nicht als Zugvieh für die Arbeit in den Feldern benötigt wurden, mussten sie im Sommer auf die Wiesen zum Grasen getrieben und dort beaufsichtigt werden, weil es damals noch keine Umzäunungen gab. Als der kleine Kämpfer mit sechs Jahren für diese Aufgabe alt genug war, fragte ihn der Bauer, bei dem sie wohnten, ob er diese Aufgabe übernehmen wollte. Kühe waren ihm zwar im Allgemeinen nicht ganz geheuer, aber die eine der beiden Kühe des Bauern wirkte so friedlich, dass er sich sogar traute, mit ihr zu reden und sie dabei zu streicheln. Der kleine Kämpfer war aus mehreren Gründen darüber erfreut, die beiden Kühe hüten zu dürfen: Das Aufregendste war, dass man die Kühe mitten durchs Dorf treiben musste – und dass sie folgten. Bereits kleine Berührungen mit einem Stecken reichten in der Regel aus, um sie in einer bestimmten Richtung zu halten oder die Richtung zu ändern. Nichts musste schnell gehen, man hatte unendlich viel Zeit. Auf der Wiese angelangt, musste man nichts anderes tun, als darauf zu achten, dass die Kühe nicht auf fremde Wiesen überwechselten. Auf den anderen Wiesen weideten auch Kühe, und so konnte man sich mit den anderen Kuhhirten zusammentun. Es wurde viel geredet und viel gelacht. Nie kam Langeweile auf.

Gegen Abend wurden die Kühe unruhig. Ihre Euter waren schwer geworden, und die Kühe fingen eine nach der anderen an, sehr laut zu muhen. Der kleine Kämpfer lernte, dass volle Euter für Kühe sehr schmerzhaft waren. Um diese Zeit mussten die Kühe deshalb zum Melken in ihre Ställe zurückgetrieben werden, und die Beschäftigung als Kuhhüter war für diesen Tag beendet.

Als der kleine Kämpfer mit acht Jahren ausreichend Erfahrung gesammelt hatte, traute er sich, seine Dienstleistung als Kuhhirte auch anderen Bauern im Dorf anzubieten. Ein Schreckenserlebnis blieb ihm auch später immer in Erinnerung. Eines Tages hatte er eine kleine Herde von acht Kühen zu hüten. Als es am Abend Zeit wurde, die Kühe heimzutreiben, stellte er mit Schrecken fest, dass ihm zwei Kühe fehlten. Er suchte mit zunehmender Panik, aber ohne Erfolg die benachbarten Wiesen ab. Es blieb ihm nichts anderes übrig, als die sechs verbliebenen Kühe zurück in ihren Stall zu treiben. Auf dem Rückweg malte er sich voller Verzweiflung in den dunkelsten Farben aus, wie der Bauer schimpfen und was alles Schreckliches er ihm antun würde, wenn er ihm ohne die beiden entlaufenen Kühe gegenübertreten musste. Jeder Schritt war wie ein Schritt näher zu seiner

Hinrichtung. Aber er wollte nicht davonlaufen, sondern sich der Situation stellen. Und dann geschah das Wunder: Als er die Tür zum Stall öffnete, fand er die beiden vermissten Kühe friedlich wiederkäuend bereits im Stall vor. Die Bäuerin erwähnte ganz beiläufig, dass diese sich bereits eine halbe Stunde vorher wohl selbst auf den Weg nach Hause gemacht hätten – wie schon des Öfteren zuvor. Den Weg zu ihrem Stall würden Kühe wohl immer finden. Sie habe ganz vergessen, ihn darauf hinzuweisen. Die befürchtete Katastrophe blieb also aus. Er wurde nicht einmal wegen mangelnder Aufsicht ausgeschimpft. Der kleine Kämpfer war sehr erleichtert und froh, dass er bereit gewesen war, sich der drohenden Katastrophe zu stellen, und deshalb konnte er den guten Ausgang umso stärker genießen.

Der Vertreter

Eines Morgens betrat ein fremder Mann die Küche, die zugleich das Wohnzimmer war. Der kleine Kämpfer war neugierig zu hören, was der Mann von seiner Mutter wollte. Er stellte sich als Vertreter einer Firma für Speiseöl vor, das früher im Dorf von vielen Haushalten regelmäßig über einen Vertreter bezogen worden sei. Er sei nun auf der Suche nach jemandem, der diese Aufgabe wieder übernehmen wolle. Die Mutter des kleinen Kämpfers sei ihm empfohlen worden als eine ehrliche und fleißige Frau. Und er könne versichern, dass es nicht schwer sein würde, bei den früheren Kunden die Geschäftsverbindung wieder aufzunehmen, da das Öl wirklich sehr gut sei. Die Mutter hörte sich zwar aus Höflichkeit den Vertreter an, war aber entschlossen, die Anfrage abzulehnen mit der Begründung, sie wolle sich nicht bei fremden Menschen aufdrängen – und das mit einem Produkt, das sie selbst bisher nicht kannte. Der Vertreter versuchte sie zu überreden, fand aber keine Argumente, die seine Mutter überzeugen konnten. Der kleine Kämpfer fand das Angebot dagegen sehr verlockend. Geld konnte man bei einer großen Familie immer gebrauchen. Er kannte aber auch die Scheu seiner Mutter. Er mischte sich deshalb in die Unterhaltung ein, redete seiner Mutter gut zu und machte ihr schließlich den Vorschlag, sie bei den Besuchen in den fremden Häusern zu begleiten. Er könne ja selbst die Ansprache übernehmen, so dass eigentlich umgekehrt seine Mutter ihn begleiten würde. Dem Vertreter gefiel die Idee des kleinen Kämpfers, und er bestärkte die Mutter, wenigstens einen Versuch zu wagen. Sollte es nicht klappen, könne man ja die Vereinbarung wieder aufheben. Von zwei Seiten gedrängt und gleichzeitig ermutigt, erklärte sich die Mutter schließlich bereit. Noch am selben Tag brachte der kleine Kämpfer seine Mutter dazu, den ersten Kunden einen Besuch abzustatten. Wie versprochen, betrat er jeweils als Erster das Haus und übernahm auch das Reden. Die meisten Leute reagierten freundlich, keiner war unwillig, einige zeigten sich sogar richtig erfreut, endlich wieder das gewohnte Speiseöl kaufen zu können. Der kleine Kämpfer war stolz und die Mutter erleichtert, eine neue Einnahmequelle erschlossen zu haben.

Der Experte im Eintreiben offener Rechnungen

Nachdem sich Fleiß, Ehrlichkeit und Verlässlichkeit der Mutter des kleinen Kämpfers im Dorf herumgesprochen hatten, war es nicht verwunderlich, dass ein weiterer Vertreter mit seinem Produkt an die Tür pochte. Es ging darum, jeden Morgen die regionale Zeitung auszutragen und jeden Monat auch das Geld für das Abonnement einzukassieren. Das Austragen der Zeitung übernahm meistens die Mutter selbst. Wenn sie verhindert war, übertrug sie diese Aufgabe den älteren Geschwistern des kleinen Kämpfers. So war es auch mit dem monatlichen Eintreiben der Rechnungen für das Abonnement geplant. Dabei stellte sich aber sehr schnell etwas heraus, mit dem eigentlich niemand gerechnet hatte: Es gab immer mal wieder Abonnenten, die versuchten, die Bezahlung hinauszuschieben oder sich ihr ganz zu entziehen – und dies auf unterschiedliche Weise: Manche verschlossen schnell die Türen und taten so, als ob sie nicht zu Hause wären, andere hatten angeblich die passende Summe gerade nicht parat, wieder andere baten um generellen Aufschub, weil sie in diesem Monat überraschende Sonderausgaben zu leisten gehabt hätten. Schnell erkannte man in der Familie, dass es immer die gleichen Leute waren, die versuchten, sich vor der Bezahlung zu drücken. Seine Geschwister erzählten zu Hause von diesen Vorfällen und erklärten ihrer Mutter, dass sie sich in Zukunft weigern würden, bei solchen Fällen einzukassieren.

Als der kleine Kämpfer davon hörte, konnte er dies zunächst nicht glauben. Ihm war unerklärlich, dass jemand eine Ware bezog, aber nicht bereit war, diese zu bezahlen. Als seine Geschwister darauf bestanden, dass es nun mal so sei, konnte er es sich nur so erklären, dass es sich um ein Missverständnis handeln musste. Spontan bot er an, er werde selbst zu diesen Leuten gehen und das fällige Geld einkassieren. Seine Mutter wollte dies zunächst nicht zulassen, aber seine Geschwister redeten ihr zu, es ihn doch ruhig probieren zu lassen, damit er einmal die Wirklichkeit kennenlerne. Sein Bruder erklärte sich bereit, ihn bis zur Haustür der betreffenden Personen zu begleiten, dachte dann aber, ganz schnell zu verschwinden, weil er sich der befürchteten Auseinandersetzung nicht stellen wollte.

Zur völligen Verblüffung seiner Geschwister und seiner Mutter schaffte es der kleine Kämpfer, von allen Schuldnern das Geld einzutreiben. Für ihn war das damals selbstverständlich.

Jahre später von seinen Geschwistern darauf angesprochen, worin sein Erfolgsgeheimnis bestanden habe, hatte er nur die folgende Erklärung: Er trug die Forderung weder demütig oder unterwürfig noch frech oder vorwurfsvoll, sondern mit einer so schlichten

Selbstverständlichkeit vor, dass selbst Hartgesottene es nicht übers Herz brachten, dieses Kind zurückzuweisen.

Der Marktschreier

Wenn seine Mutter als Tagelöhnerin bei den Bauern arbeitete, durfte er überallhin mitkommen. Einer der Bauernhöfe wurde von zwei Schwestern geführt. Einmal in der Woche fand in der wenige Kilometer entfernt liegenden Kreisstadt ein Wochenmarkt statt, auf dem die ältere der beiden Schwestern ihre Ware anbot: Kartoffeln, Karotten, Salat, Blumenkohl, was immer der Jahreszeit entsprechend geerntet werden konnte. Für den kleinen Kämpfer war es jedes Mal ein großes Erlebnis, wenn er mitfahren und den Vormittag am Verkaufsstand verbringen durfte.

Mit der Zeit regte sich in ihm der Wunsch, einen eigenen kleinen Stand neben dem Stand der Bäuerin aufzumachen. Er sann darüber nach, was er denn anbieten könnte. Eine erste Idee war, auf den Wiesen Blumen zu pflücken und schöne kleine Sträuße zu machen. Aber das allein schien ihm zu wenig. Dann erinnerte er sich an den kleinen Acker, den der Bauer, bei dem sie wohnten, seiner Mutter zur Verfügung gestellt hatte, damit sie dort Gemüse für den Eigenbedarf pflanzen konnte. Darunter waren zum Beispiel Schwarzwurzeln, die einfache Schwester des erhabenen Spargel. Er hatte auf dem Markt gesehen, dass dieses Gemüse häufig angeboten und sehr gut verkauft wurde. Und so fragte er seine Mutter, ob sie ihm davon einiges zum Verkauf auf dem Wochenmarkt überlassen würde. Sie lachte zunächst über seine Idee, selbst als Verkäufer auf dem Markt aufzutreten. Aber er redete so lange auf sie ein, bis sie versprach, ihm nichts in den Weg zu legen, falls die Bäuerin ihn wirklich mitnehmen würde. Kaum hatte seine Mutter zugestimmt, eilte er zur Bäuerin, um mit ihr seine Idee zu besprechen. Auch sie musste über seinen Eifer lachen, sagte aber sofort zu. Und so machte er sich ans Werk. Am Tag vor dem nächsten Wochenmarkt bündelte er die Schwarzwurzeln in Portionen, wie sie auf dem Markt üblich waren. Die kleineren, verkrüppelten kamen in die Mitte des Bündels, die schönen geraden außen herum, denn das Bund sollte ja von außen betrachtet etwas hergeben. Insgesamt reichte seine Ware für fünfundzwanzig Bund. Dazu pflückte er noch einen ganzen Armvoll bunter Wiesenblumen und fertigte daraus ungefähr dreißig Sträuße. Diese stellte er in einen Eimer mit frischem Wasser, damit sie über Nacht nicht verwelkten. Die Vorbereitungsarbeit dauerte bis spät in die Nacht, obwohl ihm seine Mutter dabei half, als sie von der Feldarbeit nach Hause gekommen war.

Vor lauter Aufregung konnte er fast nicht schlafen und war schon lange munter, als ihn seine Mutter in der Früh wecken wollte. Mit einem kleinen Handkarren transportierte er seine Ware zum Sammelplatz, von wo aus der Lastwagen die Marktleute zur Stadt fuhr und wo

ihn die Bäuerin bereits erwartete. Sie half ihm auch dabei, mit einem Hocker neben ihrem Stand seinen eigenen kleinen Verkaufsstand aufzubauen. Als die ersten Marktbesucher kamen, begann er, von der Bäuerin liebevoll ermutigt, seine Waren mit lauter Stimme anzupreisen, wie er es schon häufiger bei Marktschreiern auf Jahrmärkten erlebt hatte. Er wollte die vorbeieilenden Menschen dazu bringen, bei ihm stehen zu bleiben und seiner Ware die erwünschte Aufmerksamkeit zu schenken. Die anderen Anbieter um ihn herum lachten über sein spontanes und selbstbewusstes Auftreten.

Als nun die Kunden immer häufiger gerade bei ihm stehen blieben und kauften, wurde er einer Marktfrau, die nur ein paar Schritte von ihm entfernt ihren Stand hatte, doch lästig, und sie begann, ihre Ware ebenfalls laut anzupreisen. Vor allem betonte sie, wie schön und gerade gewachsen ihre eigene Ware sei. Der kleine Kämpfer erkannte, dass sie mit diesem Argument indirekt darauf hinweisen wollte, wie krumm und klein geraten dagegen seine Ware sei, was tatsächlich stimmte. Nun wusste er aber, dass das entscheidende Gütezeichen einer Schwarzwurzel nicht darin lag, wie groß, wie schön oder wie gerade gewachsen sie war, sondern ob sie innen voller Milch und nicht holzig war, wie die Bauern zu sagen pflegten. Das konnte man allerdings nicht vom Aussehen her beurteilen, sondern nur, indem man sie auseinanderbrach, am besten ziemlich weit oben in der Nähe der Spitze, damit man eine Wurzel mehrfach als Demonstrationsobjekt verwenden konnte. Und noch eines wusste der kleine Kämpfer aus seiner praktischen Erfahrung bei den Bauern: Die kleineren, krummen Wurzeln waren äußerst selten holzig im Gegensatz zu den langen, geraden. Als die Konkurrentin zum wiederholten Mal ihre Ware als besonders schön gewachsen anpries – und die Kundinnen belustigt diesem Wettkampf der Anpreisungen zwischen der Frau und dem kleinen Jungen lauschten –, forderte der kleine Kämpfer sie mit lauter Stimme heraus, sie möge doch beweisen, dass ihre Ware nicht nur gerade gewachsen, sondern innen auch schön milchig sei, denn für seine Ware könne er garantieren und er würde jederzeit auch den Beweis dafür antreten. Gebannt blieben die Zuschauer jetzt stehen, um den Ausgang dieses Wettkampfes mitzuerleben. Der kleine Kämpfer brach als Erster demonstrativ bei einer seiner Schwarzwurzeln die Spitze ab und freute sich wie ein König, als er zeigen konnte, wie die weiße Milch wunderschön aus der Wurzel floss. Der Herausforderin blieb jetzt nichts anderes übrig, als ebenfalls eine Wurzel aufzubrechen. Alle, auch der kleine Kämpfer, schauten voller Spannung zu. Und zum Vergnügen und zur Erleichterung des kleinen Kämpfers waren keinerlei Anzeichen von weißer Milch zu sehen, die Wurzel war eindeutig holzig. Die Frau wurde aus Verlegenheit rot im Gesicht und versuchte sich mit deutlich leiserer Stimme aus der Klemme zu ziehen mit dem Hinweis, die anderen Wurzeln seien sicher in Ordnung. Der kleine Kämpfer triumphierte, die Beobachter dieses Wettkampfes hatten ihren Spaß und nahmen dann ihren Rundgang über den Markt wieder auf, den sie für dieses Schauspiel unterbrochen hatten. Von diesem Zeitpunkt an unterließ es die Frau, gegen den kleinen Kämpfer und seine Ware zu argumentieren. Der kleine Kämpfer wusste, er hatte Glück gehabt. Aber ohne das Risiko des Vergleichs einzugehen, hätte er dem Glück zu gewinnen keine Chance gegeben. Und so war er auch stolz darauf, den Mut besessen zu haben, die Herausforderung zu suchen.

Verkaufen, dadurch wie auf einer kleinen Bühne stehen und mit Aufmerksamkeit und Freundlichkeit Menschen begegnen, bereitete dem kleinen Kämpfer große Freude und Befriedigung. Geld zu verdienen war schön und gar nicht so schwer. Das eingenommene Geld zusammenzuhalten war allerdings oft ein harter Kampf. Darin war ihm seine Mutter ein großes Vorbild. Aber er blieb in diesem Kampf immer Sieger. Er fürchtete, sobald er auch nur geringfügig die Schleusen öffnen würde, könnten schnell alle Dämme brechen. Und deshalb war er in dieser Hinsicht höchst konsequent. Er freute sich über das, was er erreicht hatte, und schöpfte daraus die Energie für neue Unternehmungen. Niederlagen gab es für ihn nicht. Er liebte Tagträume. In diesen malte er sich unterschiedliche gute Zukünfte aus. Er schenkte auch gerne, war freundlich und hilfsbereit. Er war einfach glücklich, mit sich und der Welt zufrieden. Ihm war ganz selbstverständlich klar: Was ich nicht tue, wird nicht geschehen.

Der kleine Kämpfer
kommt höher hinaus
und in eine völlig
andere Welt

Der kleine Kämpfer war mittlerweile zehn Jahre alt und fest entschlossen, aus seinem Leben etwas Besonderes zu machen. Er wusste, die ganz Besonderen im Dorf, der katholische und der protestantische Pfarrer, die Lehrer, der Arzt und der Dentist, alle hatten eine höhere Schule besucht. Und deshalb wollte auch er eine höhere Schule besuchen. Seine Lehrer ermutigten ihn. Die Schulen, die in Frage kamen, waren allerdings so weit entfernt, dass man sie weder zu Fuß noch mit dem Fahrrad, sondern nur mit dem Auto oder mit der Eisenbahn erreichen konnte. Sie hatten aber daheim kein Auto, und sie hatten auch nicht ausreichend Geld, dass er jeden Tag hätte mit dem Zug fahren können. Darüber hinaus gab es zu Hause weder genügend Platz noch die nötige Unterstützung, damit er in Ruhe hätte lernen können. Als einzige wirklich gute Lösung bot sich an, eine Schule in einer Stadt zu wählen, bei der es gleichzeitig ein Internat gab, in dem der kleine Kämpfer wohnen konnte. Schule und Internat würden aber Geld kosten, viel Geld, zu viel, als dass seine Eltern in der Lage gewesen wären, es aufzubringen. Deshalb waren die Eltern dagegen. Aber der eigentliche Grund ihres Widerstandes lag in ihrer Ansicht, es passe nicht zu so einfachen Leuten, wie sie es nun einmal waren, nach Höherem zu streben. Aber der kleine Kämpfer gab nicht auf. Er war entschlossen, für sein Anliegen alle Hebel in Bewegung zu setzen. Wo immer er eine Möglichkeit sah, erzählte er von seinem Wunsch. Er bat auch die Lehrer und den Pfarrer, ihn bei seinen Eltern zu unterstützen. Als eine begüterte, alleinstehende Frau, die von seinem Anliegen gehört hatte, sich bereit erklärte, die anfallenden Kosten zu übernehmen, und die Lehrer erfolgreich ein Stipendium für die Schule bewirkt hatten, gaben seine Eltern ihren Widerstand schließlich auf.

Unvertraute Spielregeln

Er brachte aus seiner alten, vertrauten Welt keinerlei Vorstellungen davon mit, was ihn in der höheren Schule und im Internat erwarten würde. Er kannte auch niemanden in seinem direkten Umfeld, der ihn hätte aufklären können. Und so betrat der kleine Kämpfer diese neue Welt mit Neugierde, aber auch mit einem gewissen Bangen. Sehr schnell begann ihm zu dämmern, dass in dieser neuen Welt völlig andere Spielregeln das Zusammenleben und den Erfolg bestimmten.

In der Volksschule im Dorf wäre er zum Beispiel nie auf den Gedanken gekommen, dass er hätte versagen können. Jeden Tag war er aufs Neue voller Freude und Betätigungsdrang zur Schule gegangen. Die Lehrer mochten ihn und er die Lehrer, auch wenn sie manchmal streng waren. In seiner alten, vertrauten Welt war er bekannt und anerkannt, in der neuen Welt musste er bei null beginnen. Die meisten seiner neuen Klassenkameraden kamen aus sogenannten besseren Familien und ließen ihn seine einfache dörfliche Herkunft aus einer Arbeiterfamilie spüren – nicht böswillig, aber deutlich. Er sprach zum Beispiel nur Dialekt, die anderen bis auf wenige Ausnahmen gepflegtes Hochdeutsch. Vielleicht war es aber auch nur so, dass er allein diesen

Unterschied spürte und sich entsprechend minderwertig vorkam.

Auch im Internat fühlte er sich keineswegs wohl. Die meisten Jungen waren deutlich älter und vor allem körperlich stärker als er. Und es herrschten raue Sitten. Die Erzieher waren vor allem auf Disziplin aus. Und so war es keine Seltenheit, dass einem Schüler, der nicht gehorchte, körperliche Strafe angedroht und auch verabreicht wurde. Es gab keine Chance, gegen die Obrigkeit aufzumucken. Solche Kämpfe kannten nur einen Sieger, nämlich die Erzieher. Für die Jungen untereinander galt eine ebenso gnadenlose Hackordnung: Die Starken übten Druck und Macht aus über die körperlich Schwachen. Das gesamte Klima war geprägt von Unterdrückung, Fügsamkeit und Angst.

In den ersten Wochen war der kleine Kämpfer unglücklich. Voller Sehnsucht dachte er zurück an seine alte, vertraute heile Welt. Aber nach außen ließ er sich nichts anmerken. Er wollte keinen Schritt zurückgehen. Sein Instinkt führte ihn dahin, die neuen Spielregeln zu erkennen und zu lernen, sich innerhalb dieser Ordnung zu bewegen. Wenn auch nicht unbedingt überaus glücklich, so wollte er es einfach schaffen, in dieser Lage zu überleben. Zurück nach Hause wollte er auf keinen Fall. Vielleicht war dies ja schon das erste Lernergebnis, dass es nicht wichtig war, glücklich zu sein, sondern durchzuhalten, sich durchzukämpfen, sich durchzubeißen, nicht unterzugehen.

In der Schule bedeutete das für ihn, auch mit durchschnittlichen Noten zufrieden zu sein, sich nicht am Klassenbesten auszurichten, der er in der Volksschule fast immer gewesen war. Noch entscheidender war es, mit den Lehrern zurechtzukommen.

Der kleine Kämpfer lernte schnell, sich anzupassen, und vor allem, nicht negativ aufzufallen. Er wurde ein fleißiger Schüler, der sich nach Kräften bemühte, gute Ergebnisse zu erzielen. Er muckte nicht auf, weil er keine Chance sah, sich gegenüber den strengen und rabiaten Lehrern zu behaupten. Im Internat wählte er den Erziehern gegenüber einen ähnlichen Weg. Er zeigte sich insgesamt folgsam, fiel weder in der Schule noch im Wohnheim durch Unbotmäßigkeit, Nachlässigkeit oder Unordnung auf und gehörte damit aus Sicht der Autoritätspersonen ziemlich bald zu der Gruppe der Braven und Fleißigen. Seinen Eltern und seinen früheren Lehrern wurde mitgeteilt, er sei ein guter und förderungswürdiger Schüler.

Auch für das Überleben in der Welt der Internatsschüler untereinander fand er bald eine erfolgversprechende Lösung: Er hatte festgestellt, dass der körperlich Stärkste seiner Klasse nicht gerade zu den hellsten Köpfen und den besten Schülern zählte. Da auch er aus einem kleineren Dorf kam und somit in einer ähnlichen Ausgangssituation war wie der kleine Kämpfer selbst, schlug der ihm ein Bündnis vor: Er selbst wolle ihm, dem körperlich Stärkeren, wo immer es möglich war, in schulischen Fragen behilflich sein, so wie er es daheim in der Volksschule den schwächeren Klassenkameraden gegenüber gewohnt war. Als Gegenleistung erwarte er, bei allen körperlichen Auseinandersetzungen auf die Hilfe des Starken zählen zu können. Der stimmte zu, und beide hatten ausreichend Gelegenheit, sich zu beweisen, dass ihr Abkommen beiderseits den erhofften Erfolg brachte.

Gesammelte Einsichten zum erfolgreichen Überleben, ohne dabei wirklich glücklich zu sein

Im Verlauf der acht Schuljahre lernte der kleine Kämpfer, sich ganz gut in dieser Welt von Schule und Internat zurechtzufinden. Da seine schulischen Leistungen zu keiner Zeit zu wünschen übrig ließen, war er nie wirklich gefährdet. Aber richtig glücklich war er auch nicht. Beim Nachdenken über die möglichen Ursachen für seine Befindlichkeit kam er zu folgenden Erkenntnissen: Früher im Dorf war es darum gegangen, Neues zu entdecken und zu erschließen, Kontakte zu knüpfen und Beziehungen zu pflegen, Dinge auszuprobieren, sich selbst und andere zu erkunden, dadurch selbstsicher und souverän zu werden, um ohne Rücksicht auf Alter, Herkunft, Reichtum oder Rang in der Dorfgemeinschaft Anerkennung und seinen Platz zu finden und dabei glücklich zu sein. Ganz im Gegensatz zu diesen Urerfahrungen auf dem Dorf erlebte er die höhere Schule als Unterdrückungs- und das Internat als Dressuranstalt. Er fand zwei Mittel, um in diesem Umfeld zu überleben: Anpassung und Opportunismus. Beide Mittel waren sehr erfolgreich, weil sie die Anerkennung der Lehrer und

Erzieher bewirkten, aber sie machten ihn nicht wirklich glücklich.

Früher in der Volksschule konnte er seine Rolle als Klassenbester genießen, ohne sich von den Schwächeren in der Klasse abzugrenzen und ohne sich bei den Lehrern einzuschmeicheln, und er wurde von den Klassenkameraden wegen seiner Hilfsbereitschaft und von den Lehrern wegen seiner schnellen Auffassungsgabe sehr geschätzt. Jetzt war es anders: In der Angst um gute Noten spürte er einen zunehmenden zehrenden Ehrgeiz, sich in der Klasse den anderen gegenüber profilieren zu wollen, besser zu sein als sie, und sich bei den Lehrern entsprechend bemerkbar zu machen. Er war auf dem besten Weg, ein opportunistischer Musterschüler zu werden. Insgeheim war er mit dieser Entwicklung unglücklich, verachtete sich bisweilen dafür, sah aber keine Alternativen, sich anders zu verhalten.

Bis zur Peinlichkeit deutlich wurde ihm dies bei der folgenden Begebenheit: Sie hatten in der Klasse eine wichtige Prüfungsarbeit geschrieben. Als sie auf das Ergebnis warteten, quälte er sich und andere mit der Frage, ob er die Prüfung wohl wirklich bestanden habe. Einem der Schwächsten aus der Klasse platzte der Kragen, und er fuhr ihm unfreundlich über den Mund mit der Bemerkung, er halte es für ein Zeichen völliger Instinktlosigkeit und Überheblichkeit, wenn der kleine Kämpfer sich erlaube, Zweifel an seinem Erfolg zu äußern, wo er doch immer gewissermaßen auf einen der ersten Plätze abonniert sei, ganz im Gegensatz zu ihm, dem Schwächsten, der in solchen Prüfungen fast immer versage. Der kleine Kämpfer möge doch wenigstens in einer derartigen Situation die Bühne den Schwachen überlassen, denen sie wirklich gebühre.

Weichenstellung

Der kleine Kämpfer war froh, als er die Schule nach acht Jahren mit einem guten Zeugnis abschließen und hinter sich lassen konnte. Er weinte ihr keine Träne nach. Er galt jetzt als junger Erwachsener und hatte auch den Anspruch, eigenständig zu entscheiden, was er denn nun mit seinem Leben anfangen wollte. Seinen Eltern war er durch seine internatsbedingte Abwesenheit schon länger so weit entwachsen, dass sie ihm ohnehin in seine Planung nicht hineinreden würden. Er hätte sich gleich in einer Hochschule einschreiben können, wie es die meisten seiner Klassenkameraden taten. Aber er war sich nicht klar, welche Fächer er studieren wollte. Und insgesamt verspürte er wenig Energie und Lust, gleich wieder auf einer Schulbank Platz zu nehmen. Er suchte nach einem Weg, der es ihm ermöglichen würde, seine unternehmerischen Fähigkeiten, auf die er als Kind so stolz war, auch als junger Erwachsener praktisch zu erproben. Also begann er, nach einem passenden Arbeitsplatz zu suchen.

Nach einigen Wochen, die er sich für die Suche Zeit nahm, war ihm klarer, worauf er bei der Suche vor allem achten würde: Einerseits war es ihm wichtig, dass er in der Lage war, seinen Lebensunterhalt selbst zu verdienen. Er wollte seinen Eltern finanziell nicht weiter zur Last fallen. Dann sollte es etwas sein, wo er sich und anderen beweisen konnte, dass er es zu etwas bringen würde. Und schließlich war er neugierig, am eigenen Leib zu erfahren, in einem Unternehmen fest angestellt zu sein. Solange er noch die Schule besuchte, war ihm diese Welt ziemlich fremd geblieben, obwohl sowohl sein Vater wie auch sein Bruder nach wie vor in der großen Fabrik arbeiteten. Wenn sie nach ihrer Arbeit heimkamen, waren sie müde. Hin und wieder sprachen sie zwar über ihre Vorgesetzten, häufig voller Anerkennung, manchmal machten sie aber auch negative Andeutungen. Aber normalerweise war der Betrieb zu Hause kein Thema. Das war ihm noch von früher in Erinnerung, als er noch zu Hause gewohnt hatte, und es wurde immer wieder bestätigt, wenn er später in den großen Ferien vom Internat nach Hause kam und einige Wochen dort verbrachte. Aber es war für ihn unverkennbar, wie stark sich sein Vater und sein Bruder mit dem Unternehmen identifizierten.

Also hörte er sich um, durchkämmte die Zeitungen nach Informationen über interessante größere Unternehmen, las Stellenanzeigen, um herauszufinden, welche Arbeitsplätze sie anboten und nach welcher Art von Bewerbern sie Ausschau hielten.

Er war erfreut, als er feststellte, dass gerade junge Menschen, wie er einer war, so begehrt waren. Gesucht wurde immer wieder nach Charakterzügen, die ihm so ganz entsprachen: durchdrungen von Unternehmergeist, hohes Engagement, selbständig im Denken, kreativ, lernbereit und flexibel. Ganz so, als ob man ihn bereits gekannt hätte und ihn mit dieser Beschreibung hätte ganz persönlich ansprechen wollen. In der Schule hatte man ihnen beigebracht, was zu tun war, um in ein Unternehmen hineinzukommen: Man musste sich bewerben. Wie vorzugehen und worauf dabei zu achten war, auch das hatten sie in der Schule gelernt. Also machte er sich ans Werk. Voller Freude und Erwartung schickte er seine Bewerbung ab. Weil seine Zeugnisse gut waren und er auch sonst alle Formalitäten beachtet hatte, lud ihn schon der erste Betrieb, bei dem er sich beworben hatte, zu einem Vorstellungsgespräch ein.

Der kleine Kämpfer erprobt sich im großen Unternehmen

Vom Vorstellungsgespräch, seiner ersten persönlichen Begegnung mit einem Unternehmen, kehrte der kleine Kämpfer sehr beeindruckt und zugleich leicht irritiert nach Hause zurück. Es lief nämlich nicht alles genau so ab, wie er sich das eigentlich vorgestellt hatte. Aber er war ja entschlossen zu lernen. Immerhin, gleich zwei Vertreter des Unternehmens standen zu seinem Empfang bereit: ein älterer Mann – sicher bereits um die vierzig – und eine jüngere Frau. Er war überrascht, wie freundlich sie ihn begrüßten und dass sie ihm sogar etwas zu trinken anboten. Als sie dann von ihm wissen wollten, was ihn dazu bewogen habe, sich gerade bei diesem Unternehmen zu bewerben, freute er sich über diese Frage, denn genau darauf hatte er sich besonders gut vorbereitet.

So begann er, ausführlich von seinen Überlegungen zu berichten, wie er überhaupt auf die Idee, sich zu bewerben, gekommen war und welche Ziele er damit verfolgte. Als er gerade dabei war, sich mehr und mehr warm zu reden, konnte er sich des zunehmenden Eindrucks nicht erwehren, dass eigentlich keiner der beiden ihm so richtig zuhörte. Nicht, dass man ihn unterbrochen hätte. Der ältere Mann blätterte zwischendurch in seinen Unterlagen, während die jüngere Frau, die eigentlich gar nicht so viel älter war als er, ihn unverwandt anschaute. Aber als von keiner Seite irgendwelche interessierten Nachfragen kamen, versiegte nach und nach sein Redefluss. Der kleine Kämpfer spürte, dass die Vertreter des Unternehmens der Meinung waren, von ihm genug gehört zu haben.

Und sobald er eine etwas längere Pause einlegte, nutzten die beiden die Gelegenheit, um das Thema zu wechseln. Sie betonten, wie interessant das Unternehmen insgesamt für Mitarbeiter sei und auf was alles er sich innerlich einstellen solle. Von Eigeninitiative war die Rede, von kontinuierlichen Verbesserungsprozessen, von Selbstverantwortung und davon, dass jeder Mitarbeiter seine Arbeit so verstehen und gestalten solle, als ob sein Arbeitsplatz sein eigenes Unternehmen sei. Der kleine Kämpfer hörte begeistert zu. Denn genau so stand es in der Anzeige, und genau so hatte er es sich vorgestellt, als in ihm der Wunsch entstand, in einem Unternehmen zu arbeiten. Sie erzählten ihm nicht nur viele schöne Geschichten darüber, wie dies alles konkret ablaufen würde, sondern sie führten ihn auch noch im Unternehmen herum, um ihm einen guten Eindruck von der Firma zu verschaffen.

Die kleine Irritation, die ihn überkommen hatte, als er spürte, dass man ihm nicht mehr zuhören, sondern lieber selbst erzählen wollte, war schnell überwunden. Der kleine Kämpfer erinnerte sich an das, was er bereits in früher Jugend gelernt hatte: Wichtige Menschen hören nicht zu, sondern wollen sich selbst in Szene setzen. Er wusste, was er zu tun hatte: die Bühne machen.

Er hörte zu, fragte freundlich und interessiert nach – und machte dadurch die anderen glücklich. Eine leise

Ahnung stieg in ihm hoch, dass vielleicht doch nicht alles so wunderbar sein würde, wie es ihm geschildert wurde, aber er sah keinen Anhaltspunkt, an dem, was ihm gesagt und gezeigt wurde, ernsthaft zu zweifeln. Als man ihn schließlich fragte, wie ihm zumute sei und ob er denn nun Lust habe, in diesem Unternehmen anzufangen, fand er nichts, was in diesem Augenblick dagegen sprach, und sagte spontan und voller Vorfreude zu.

Aller Anfang ...

Mit einigem Herzklopfen, aber doch auch mit freudiger Erwartung begab sich der kleine Kämpfer an seinem ersten offiziellen Arbeitstag in die Firma. Ohne Schwierigkeiten fand er den Bereich, wo er sich einfinden sollte, um seine Tätigkeit im Unternehmen zu beginnen. Dann kam die erste Überraschung: Es schien so, als ob ihn dort niemand wirklich erwartet hätte. Es gab kein herzliches Willkommen, nicht einmal eine förmliche Begrüßung. Zwar wurde er auch nicht als Störenfried behandelt. Aber alles wirkte so, als ob man mit ihm eigentlich nicht wirklich gerechnet hätte. Er sprach von sich aus jemanden an, der gerade an einem der Computer beschäftigt war, stellte sich kurz vor und fragte ihn, an wen er sich als Neuankömmling in dieser Abteilung wenden sollte. Nachdem für seinen Fall niemand Genaueres wusste, führte der von ihm Angesprochene ein kurzes Telefonat – später lernte er, dass es sich wohl um die Personalabteilung gehandelt hatte –, und es wurde bestätigt, dass der kleine Kämpfer schon am richtigen Platz gelandet war. Der kleine Kämpfer war nach dieser Klärung in gewisser Weise erleichtert, aber zugleich auch ratlos. Er wusste nicht, was er nun konkret tun sollte. Ein Kollege, der das ganze Geschehen aus der Entfernung mitbekommen hatte, gab ihm den Rat, für die nächsten Tage die anderen einfach bei ihrer Arbeit zu beobachten und ihnen auf Anfrage behilflich zu sein. Der kleine Kämpfer traute sich nicht, danach zu fragen, ob der Mann offiziell für ihn zuständig sei. Er nahm es einfach als gegeben an, als niemand etwas anderes anordnete.

Eigentlich hatte er sich seinen Einstieg anders vorgestellt. Er hatte erwartet, dass man sich Zeit nehmen würde, ihm die Aufgaben der Abteilung zu erläutern und ihn dann einzuladen, seinen eigenen Beitrag dazu zu leisten. Daran war aber anscheinend niemand interessiert. Später am Tag klärte ihn eine Kollegin, die schon länger im Unternehmen arbeitete, über die wichtigste Spielregel für einen Mitarbeiter in diesem Unternehmen auf: Nicht auffallen! Der kleine Kämpfer staunte und begann zu sinnieren, in welches Spiel er geraten war. Er wollte herausfinden, worauf er zu achten hatte, wenn er in und mit dieser Gruppe zurechtkommen wollte.

Er benötigte nicht lange, um eine erste Erkenntnis zu gewinnen. Es gab wohl eine ganz klare Rollenverteilung – ähnlich wie er es früher auf dem Bauernhof erlebt hatte: die Hackordnung im Hühnerstall. Alle in der Gruppe wussten, wie viel sich jeder Einzelne leisten konnte, wessen Wort wie viel Gewicht hatte – und was man von wem erwarten konnte und was nicht. Es war alles geregelt, obgleich nichts schriftlich festgelegt war. In dieses klar festgelegte Rollenspiel einzugreifen würde mit hoher Wahrscheinlichkeit bedeuten, sich alle in der Gruppe zum Gegner zu machen. Aus kleinen Zwischenbemerkungen hatte er schnell festgestellt, dass sich nicht alle gegenseitig gewogen waren. Aber gegen einen Eindringling würden sich vermutlich alle miteinander verbünden, unabhängig vom Grad ihrer gegenseitigen Wertschätzung.

Er erinnerte sich an ein Erlebnis aus seiner Schulzeit. Ein neuer Schüler war in die Klasse gekommen und hatte postwendend versucht, die Rolle des Klassenclowns zu besetzen. Er hatte in der Klasse kein leichtes Leben, immer wieder ließ man ihn auflaufen, um ihm deutlich zu machen, dass er noch nicht dazugehörte. Erst als er von diesem Vorhaben Abstand genommen und einen gebührenden Tribut als Zeichen der Unterwerfung unter bestehende Sitten geleistet hatte, wurde ihm ein offizieller Platz im Rollenspiel der Klasse eingeräumt.

Der kleine Kämpfer überlegte, welchen Tribut er wohl hier zu leisten hätte. Sicher nicht das, was ihm die beiden Personalleute beim Einstellungsgespräch gesagt hatten, weder Eigeninitiative noch Selbstverantwortung, schon gar nicht Verbesserungsvorschläge oder die Gestaltung des eigenen Arbeitsplatzes, als ob er das eigene Unternehmen wäre. Von der dort geschilderten musterhaften Unternehmenskultur war hier überhaupt nichts zu spüren. Die Spielregel hier lautete: Nicht auffallen, nichts ändern, vor allem: nichts durcheinanderbringen. Nachdem er von den beiden, die ihn eingestellt hatten, nichts mehr gesehen und gehört hatte und auch ihm das Hemd näher als der Rock war, beschloss er, sich der Situation anzupassen. Und was immer der kleine Kämpfer auch tat, er tat es konsequent: Aus dem kleinen Kämpfer, der voller Elan, Neugierde, Wissensdrang und Ehrgeiz in das Unternehmen gekommen war, wurde nach und nach der kleine Angestellte, der sich perfekt an das laufende Geschehen anpasste und der vor allem bemüht war, keine Ecken und Kanten zu zeigen.

INTELLIGENT

Nicht auffallen

Am Anfang fiel ihm das noch schwer. Er war zum Beispiel gebeten worden, für eine bestimmte Zeit an einer Verpackungsmaschine mitzuarbeiten. Die Maschine lief, sobald sie richtig eingestellt war, eigentlich automatisch. Die Aufgabe der Mitarbeiter an der Maschine bestand mehr oder weniger darin, Maschinenstörungen rechtzeitig zu erkennen und vor allem darauf zu achten, dass es bei der Verpackung nicht zu unerwünschten Staus kommen konnte. Die Maschine war in ihrer Größe und Leistungsfähigkeit in seinen Augen sehr beeindruckend. Er war beruhigt, dass er nicht allein Dienst machen musste, sondern lediglich zur Unterstützung eines von allen sehr geschätzten langjährigen Mitarbeiters eingesetzt war. Als die Maschine urplötzlich ihren Dienst verweigerte, war er deshalb nicht wirklich beunruhigt, sondern eher neugierig und darauf gespannt, wie der zuständige Mitarbeiter jetzt reagieren würde. Vielleicht konnte er ja daraus für später etwas Wichtiges lernen. Er beschloss also, genau aufzupassen. Als Erstes schaute der Mitarbeiter auf die Uhr. Der kleine Kämpfer erklärte sich dies damit, dass der für die Maschine Verantwortliche wohl exakt die Stillstandszeit der Maschine festhalten wollte. Aber weit gefehlt. Der ältere Kollege machte ihn vielmehr darauf aufmerksam, dass jetzt Zeit für die Mittagspause sei. Der kleine Kämpfer staunte, brachte seine Verwunderung aber nicht zum Ausdruck. Beim gemeinsamen Gang in die Kantine erklärte ihm der Ältere, dass diese Störung häufiger vorkomme. Nachdem der ältere Kollege trotz der aufgetretenen Störung ganz guter Laune schien, erlaubte sich der kleine Kämpfer zwei Fragen. Wieso war die eigentliche Ursache der Störung nicht schon längst beseitigt, nachdem der Defekt doch bereits häufiger aufgetreten war? Auf diese erste Frage bekam er eine Erklärung, die ihn zwar nicht wirklich zufriedenstellte, ihn aber – da er bereits einiges dazugelernt hatte – auch nicht wirklich überraschte: Gleich beim ersten Auftreten der Störung habe man »die oben« informiert. Von dort habe man zur Antwort bekommen, der Hersteller der Maschine würde sich baldmöglichst um eine Behebung der Störungsursache bemühen. Dazu sei allerdings eine gründliche Analyse vonnöten. Nachgefragt, wer denn mit denen oben gemeint sei, wurde auf die nächsthöhere Ebene des Gruppenleiters verwiesen. Als der kleine Kämpfer eher vorsichtig nachhakte, ob denen oben die Dringlichkeit der Angelegenheit wirklich klar sei, kam die deutlich ein Ende der Diskussion setzende Antwort: Davon habe man ja wohl auszugehen.

Das zweite Thema war heikler. Überall in der Produktion hingen Plakate mit den Zielen und Werten des Unternehmens. Eines der wichtigsten Ziele war, eine möglichst hohe Maschinenlaufzeit zu erreichen. Begründet wurde dieses Ziel mit dem Anspruch des Unternehmens, allen Kunden eine hundertprozentige Lieferbereitschaft zu garantieren. Der kleine Kämpfer erinnerte sich, dass den Zielen und Werten – und in diesem Zusammenhang auch der Maschinenlaufzeit – bereits beim Betriebsrundgang im Rahmen seines Einstellungsgespräches eine hohe Bedeutung beigemessen worden war. Warum also jetzt in Ruhe Mittagspause machen, anstatt umgehend die Maschinenstörung zu beheben? An dieses Thema tastete sich der kleine Kämpfer sehr vorsichtig heran. Er wollte es sich mit seinem Kollegen auf keinen Fall verscherzen. Also fragte er ganz unschuldig, wann denn die Reparatur in Angriff genommen und wie lange sie vermutlich dauern werde. Die Antwort kam prompt: Das Ganze sei vermutlich, wie üblich, eine Angelegenheit von ungefähr einer Stunde, vorausgesetzt, man würde nach der Pause den dazu notwendigen Betriebsingenieur erreichen – und selbstverständlich ebenfalls unter der Voraussetzung, dass dieser nicht gerade anderweitig ebenso dringlich gebraucht werde. Die Nachfrage, warum für diese Nachforschung nicht die Pause genutzt und warum nicht einmal geprüft werde, ob die Störung überhaupt so ernsthaft sei, dass sie vom Kollegen nicht eigenhändig hätte behoben werden können, blieb unbeantwortet. Der kleine Kämpfer traute sich nicht, weiter nachzuhaken.

Ein paar Tage später fand das übliche wöchentliche Gruppengespräch statt mit dem Ziel, die Problemlösekompetenz der Gruppe anhand konkreter aktueller Beispiele zu üben und zu verbessern. Der Gruppenleiter bat die Mitglieder, reale Beispiele aus der Arbeit der Gruppe in jüngerer Zeit zu benennen. Es kam keine Reaktion. Auch der kleine Kämpfer wagte es nicht, diesen Vorfall als Beispiel anzuführen. Es gehörte, so hatte er mittlerweile gelernt, zu den eisernen, wenn auch ungeschriebenen Gesetzen, in der Gruppe nichts offen anzusprechen, was irgendeinem Gruppenmitglied hätte schaden können. Und so übten sie schließlich an einem theoretischen Beispiel, das der Gruppenleiter einem Lehrbuch für Problembearbeitung in Gruppen entnahm. Dass sich in der konkreten Arbeit der Gruppe dadurch nichts, aber auch gar nichts ändern würde, war jedem klar – dem Gruppenleiter, den engagierten Mitgliedern der Gruppe, denen, die sich auf Kosten der anderen einen faulen Lenz machten, und natürlich auch dem kleinen Kämpfer. Alle wussten es, keiner bäumte sich dagegen auf, alle akzeptierten es auf ihre Weise: Die Bequemen waren froh, weil sich nichts änderte, die Engagierten waren zwar etwas enttäuscht, aber nicht eigentlich unglücklich, weil die Schuld für das Übel bei den anderen lag, der Gruppenleiter war zwar nicht überglücklich, hatte aber eigentlich nichts anderes erwartet – und er war auf diese Weise darum herumgekommen, Konflikte in der Gruppe ansprechen zu müssen. Und der kleine Kämpfer schließlich hatte seine erste Bewährungsprobe in der Gruppe bestanden – nämlich nicht aufzufallen, niemanden vorzuführen, sondern das allgemeine Rollenspiel mitzuspielen. Nichts hatte sich geändert – und alle waren im Grunde zufrieden.

Ein irritierender Besuch

Einige Wochen später stand der schon längere Zeit angekündigte Besuch des Vorstandsvorsitzenden bevor. In der offiziellen Information wurde betont, der Vorstandsvorsitzende wolle sich vor Ort ein persönliches Bild von der Situation machen, sich einen unmittelbaren Eindruck verschaffen über die Befindlichkeit der Mitarbeiter angesichts der allgemeinen Maßnahmen zur Rationalisierung, die das Unternehmen bereits umgesetzt hatte, und der Effizienzsteigerungsprogramme, die gerade geplant wurden. Alle im Betrieb wussten, dass dieses Werk fortwährend in seinem Bestand gefährdet war, weil sie immer mit den anderen Produktionswerken des Unternehmens im Wettbewerb standen – gemessen an Produktivität, Kosteneffizienz und Kundenzufriedenheit. Die allgemeine Stimmung war deshalb gedrückt, zumal darüber hinaus eine ganze Reihe von eigentlich anstehenden Investitionen in Maschinen und in eine bessere Ausstattung der Räume zwar fest vereinbart, aber noch nicht umgesetzt, sondern mit unterschiedlichen Begründungen immer wieder verschoben worden war. Der kleine Kämpfer sah in diesem Besuch eine hervorragende Möglichkeit für das Werk, die Werkleitung und die Mitarbeiter, ihre Interessen im direkten Gespräch mit dem obersten Manager so beeindruckend zu präsentieren, dass die versprochenen Verbesserungen endlich realisiert würden. Er war gespannt und auch etwas aufgeregt, weil er dem obersten Manager und überhaupt jemandem in einer so hohen Position noch nie persönlich begegnet war.

Eine knappe Woche vor dem Besuch beobachtete er mit Erstaunen einige überraschende Aktivitäten: Eine Fremdfirma platzierte vor dem Eingang zum Betriebsgelände große, eindrucksvolle Blumenkästen. Die verdeckten fast völlig die schäbige, seit Jahren ungepflegte Fassade des eigentlichen Fabrikgebäudes, von der nicht nur der Verputz abblätterte, sondern in der auch einige Fensterscheiben blind, teilweise sogar gesprungen waren. Zwei Tage später wurde zudem der Hauptgehweg in und durch die Produktionshalle mit einem nagelneuen grünen wetterfesten Läufer ausgelegt. Einen Tag vor dem Besuch war zur Überraschung aller mitten in der Kantine ein netter Springbrunnen installiert, dessen Plätschern allerdings das allgemeine Stimmengewirr nicht zu übertönen vermochte. Und am eigentlichen Besuchstag ging alles ganz schnell: Am späten Vormittag wurde der Vorstandsvorsitzende in einer repräsentativen dunkelblauen Limousine direkt ins Werksgelände gefahren. Für ungefähr dreißig Minuten verschwand er zunächst im Büro des Werkleiters. Von dort aus ging er, begleitet von seinem Assistenten, dem Werkleiter, dem Produktionschef und drei ausgewählten Gruppenleitern, mit federnden Schritten über den grünen Läufer zügig durch die Produktionsanlage. Auf ein bestimmtes Zeichen hin blieb er an ausgewählten Stellen für wenige Minuten stehen, um sich vom Werkleiter genauer informieren zu lassen. Der kleine Kämpfer schloss aus dem zu beobachtenden Kopfnicken und den freundlichen Gesichtern, dass es wohl allen darum ging, dem Vorstandsvorsitzenden einen guten Eindruck und damit die Sicherheit zu vermitteln, dass in der Fabrik alles zum Besten bestellt sei. Zum Abschluss des Besuches waren alle Führungskräfte noch zu einem schnellen Imbiss ins Casino eingeladen. Einige Tische standen auch den Arbeitern zur Verfügung. Es war aber dezent darauf hingewiesen worden, man möge, wenn irgend möglich, eine spätere Essenszeit wählen, um Gedränge im Casino zu vermeiden. Nach insgesamt drei Stunden war der Besuch beendet. Noch am Abend wurden die Blumenkübel wieder abgeholt und der grüne Läufer entfernt. Inwieweit es dem Werkleiter gelungen war, soweit er dies überhaupt beabsichtigt hatte, dem Vorstandsvorsitzenden einen echten Eindruck über die Verfassung des Werks, die Gemütslage der Mitarbeiter und die Erwartungen aller im Hinblick auf die Sicherung der Zukunftsfähigkeit des Werkes zu vermitteln und verbindliche Zusagen zu erhalten, darüber konnte der kleine Kämpfer nur spekulieren. Offizielle Aussagen dazu gab es nicht.

In der Nacht nach dem Vorstandsbesuch hatte der kleine Kämpfer folgenden Traum: *Er befand sich inmit-*

ten einer Fronleichnamsprozession. Gefolgt von den wichtigsten Honoratioren und mit einer Blaskapelle an der Spitze des Zuges, trug der Pfarrer mit gemessenen Schritten die Monstranz durch das festlich geschmückte Dorf, ganz so, wie es der kleine Kämpfer in seiner Kindheit häufig erlebt hatte. Er selbst fühlte sich streckenweise als Mitglied in der Gruppe der Messdiener, dann wieder wie ein unbeteiligter Beobachter der ganzen Szene. Plötzlich begann der Pfarrer völlig überraschend, seine Schritte drastisch zu beschleunigen. Die Menschen in der Prozession begannen zu rennen, was wegen der wehenden Gewänder des Pfarrers und der Messdiener belustigend wirkte. Auf einmal tauchte in kurzem Abstand hinter der Prozession ein Müllwagen auf, den es in der Kindheit des kleinen Kämpfers noch gar nicht gegeben hatte. In diesen Müllwagen warfen die Dorfbewohner die noch frischen Blumen, mit denen sie am Tag zuvor ihre Häuser geschmückt hatten. Plötzlich verwandelte sich das Müllauto in eine automatische Kehrmaschine, die die Straße von den kurz zuvor gestreuten Blumenblättern säuberte, die aber zugleich in hohem Bogen schmutziges Wasser rechts und links an die penibel weiß gestrichenen Hauswände spritzte.

Wie vom Lärm der Maschine gestört, wachte der kleine Kämpfer auf. Es war noch mitten in der Nacht. Zunächst war er verwirrt von der seltsamen Mischung aus kirchlichen und sehr weltlichen Elementen seines Traumes. Dann kam ihm spontan die Erinnerung an den Besuch des Vorstandsvorsitzenden: wie schnell er durch

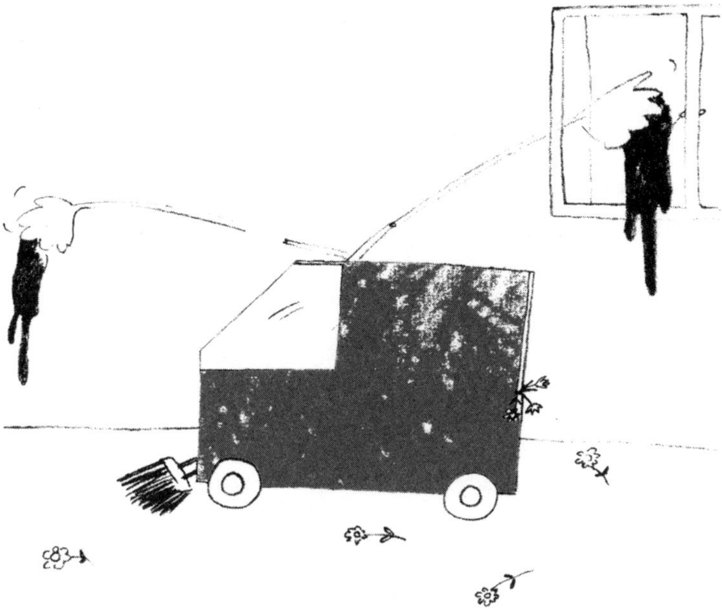

die Fabrik geschritten war und wie sein Gefolge ihm untertänig Zustimmung signalisiert hatte und wie rasch die Ausschmückungen des Werks wieder entfernt und der alte Zustand wiederhergestellt worden waren. Mit einem verstehenden Lächeln auf dem Gesicht schlief der kleine Kämpfer wieder ein.

Die Haltung der Gruppe

Viele Mitarbeiter in der Produktion waren erkältet, eine ganze Reihe so stark, dass sie zu Hause bleiben mussten, um nicht noch mehr Kollegen anzustecken. In einigen Abteilungen gab es deshalb zum Teil einen ernsten Personalengpass. Die Kunden nahmen allerdings darauf keine Rücksicht, die Arbeit musste wie sonst auch erledigt werden. In der Gruppe des kleinen Kämpfers hatte die Erkältungswelle zwar auch einige erwischt, aber es gab bei der Arbeit, die getan werden musste, noch keine wesentliche Beeinträchtigung. Gemäß der allgemeinen Anweisung, sich bei Bedarf gegenseitig auch bereichsübergreifend unkonventionell Hilfestellung zu leisten, kam ein Vertreter aus der Nachbargruppe eines Nachmittags mit der Anfrage, ob jemand mitkommen und die Gruppe unterstützen könne. Ein bestimmter Auftrag für einen wichtigen Kunden müsse unbedingt noch bis zum Abend erledigt werden. Der kleine Kämpfer wollte sich schon ganz spontan anbieten, weil er wusste, dass er in der eigenen Gruppe für den Rest dieses Tages ohne weiteres entbehrlich sein würde. Doch noch bevor er sich äußern konnte, hörte er einen älteren Kollegen sagen, wie leid es ihm täte, dass niemand aus der Gruppe aushelfen könne. Man sei selbst mehrfach von der Erkältungswelle betroffen und kaum in der Lage, auch nur die allerwichtigsten Aufgaben termingerecht zu erledigen. Der Bittsteller murmelte einige Worte, mit denen er Verständnis auszudrücken schien, und zog sich dann unverrichteter Dinge wieder zurück. Der ältere Kollegen reagierte ungefragt auf den verständnislosen Gesichtsausdruck des kleinen Kämpfers und erklärte, weshalb er auf die Anfrage des Kollegen so geantwortet hatte. Zum einen meinte er, könne da jeder kommen. Man sei schließlich nicht die Caritas. Zum Zweiten dürfe man nicht vergessen, dass gerade diese Gruppe vor nicht allzu langer Zeit sich unter fadenscheinigen Gründen geweigert habe, ihrerseits einmal auszuhelfen. Und zum Dritten müsse man wissen, wem man erst einmal den kleinen Finger gebe, der wolle dann bald die ganze Hand. Also gelte die alte Spielregel: Wehret den Anfängen!

Der kleine Kämpfer war eigentlich immer darauf aus, anstehende Dinge stets sofort zu erledigen. Für ihn war es selbstverständlich, niemanden warten zu lassen. Darauf hingewiesen zu werden, dass man immer schön langsam machen solle, weil man sonst immer mehr Arbeit bekomme oder das Tempo der Abteilung durcheinanderbringe, war seiner eigenen Einstellung ganz entgegengesetzt. Dem kleinen Kämpfer war aber klar, gegen die Haltung der Gruppe aufzumucken, würde bedeuten, sich mit allen anzulegen. Also setzte er ein verständnisvolles Gesicht auf und unterdrückte erfolgreich seine eigene gegenläufige Auffassung.

Versuchungen

Und so gingen die Tage, Wochen und Monate ins Land. Der kleine Kämpfer entdeckte immer mehr die Vorteile, die sich ergaben, wenn er sich so verhielt, wie es ihm die Gruppe Tag für Tag vormachte. Das Wichtigste war, sich nirgendwo in etwas einzumischen, für das man nicht zuständig war. Zuständigkeit war das große Zauberwort, der Generalschlüssel, mit dem jeder seinen eigenen Bereich abschließen und sich vor Einmischungen von außen schützen konnte. Gleichzeitig vermochte er dadurch sicherzustellen, dass niemand von ihm verlangen konnte, sich um andere Dinge als die ihm zugewiesenen zu kümmern. Man musste nur den eigenen Bereich möglichst übersichtlich gestalten und so wetterfest abgrenzen, dass ein Außenstehender von vornherein gar nicht auf die Idee kommen konnte, hineinsehen oder gar dreinreden zu wollen. Devise: Betreten verboten! Wie im Schrebergarten, dachte der kleine Kämpfer am Anfang. Bald aber ließ er diesen abwertenden Vergleich, und er lernte die Grenzen schätzen. Er spürte, Gitter engen nicht nur ein, sie schützen auch vor Eindringlingen. Und als er eines Tages den eigentlichen Beleg für seine Zuständigkeit entdeckte, nämlich eine exakte Stellenbeschreibung, schlug sein Herz höher. Konnte er doch daraus auch all das entnehmen, wofür er nicht verantwortlich war. Und ab jetzt war ihm klar, was er tun würde, sollte je jemand wagen, ihm etwas abzuverlangen, was nicht genau zu seinem Aufgabenbereich gehörte: Er würde seine Stellenbeschreibung zur Hand nehmen und mit ihrer Hilfe den unwiderruflichen Beweis antreten, dass er insbesondere für das jeweils vorgebrachte Anliegen auf keinen Fall zuständig sei – so leid es ihm tue.

Vor allem lernte der kleine Kämpfer zu schätzen, wie gut es sich in hierarchisch klaren Verhältnissen leben lässt. Wer oben ist, hat die Verantwortung – und will diese, Gott sei Dank, in aller Regel auch gerne behalten. Der kleine Kämpfer dachte zunehmend beklommen an die Zeit zurück, als er noch bestrebt gewesen war, mit Engagement und Elan Dinge selbst und in eigener Verantwortung in die Hand zu nehmen und voranzutreiben. Was hätte ihm da alles passieren können. Man hätte ihm Vorwürfe machen können, warum die Dinge nicht schnell genug liefen, man hätte ihn sogar persönlich angreifen und ihm ankreiden können, warum er sich überhaupt um bestimmte Dinge kümmerte, um andere dagegen nicht. Niemand hätte ihn vor solcher Kritik in Schutz nehmen können, wo er doch selbst der Initiator war. Jetzt erlebte er, wie einfach doch der andere Weg ist: Man entdeckt einen Fehler oder einen Mangel, meldet ihn an den Vorgesetzten oder an den jeweils Zuständigen – und ist aus der Verantwortung. Und wenn dieser Hinweis ohne Folgen bleibt, wird es erst richtig interessant: Man kann genüsslich über die oben herziehen, man kann jammern, klagen oder auch anklagen. Aber eines kann bei diesem Schuldzuweisungsspiel nicht passieren – dass man selbst für etwas haftbar gemacht wird.

Der kleine Kämpfer lernte jetzt, etwas zu würdigen, was ihm früher arg widerstrebt hatte: Unmündigkeit. In seiner Nachbarschaft hatte ein Mann gewohnt, der geistig behindert war und den deshalb das Gericht für nicht zurechnungsfähig erklärt hatte. Der kleine Kämpfer hatte erlebt, was dieser Mensch in seiner Verwirrung alles angestellt hatte, wie er aber wegen seiner erklärten Unmündigkeit nie zur Rechenschaft gezogen werden durfte. Er hatte solche Menschen immer bedauert, weil ihnen ein wesentlicher Teil menschlicher Reife, nämlich die volle Mündigkeit, vorenthalten blieb. Und er war davon überzeugt gewesen, dass diese Menschen darunter litten, nicht vollwertige Mitglieder der Gesellschaft zu sein. Mehr und mehr dämmerte ihm, dass es eine Kehrseite gab, die ihm bislang verdeckt geblieben war. Für gewöhnlich waren Kehrseiten für ihn bis dahin immer dunkle Seiten gewesen. Nun begann er zunehmend zu ahnen, wie attraktiv diese Kehrseiten sein konnten. Man wird zwar entmündigt, erhält dafür allerdings als Ausgleich den offiziellen Status eines Nichtverantwortlichen. Und er begann mehr und mehr zu verspüren, wie angenehm es sich in diesem Zustand der offiziellen Nichtverantwortung leben ließ. Da er schon immer ein guter Beobachter war, entdeckte er immer durchtriebenere

Verhaltensweisen, wie man sich nicht nur rechtzeitig, sondern bereits im Vorfeld aus der Verantwortung stehlen konnte. Die Kollegen waren gute Lehrmeister und er ein guter Schüler.

Am Anfang hatte er noch gewisse Schwierigkeiten, sich für jemand auszugeben, der nur eingeschränkt fähig ist, Verantwortung zu übernehmen. Mit der Zeit gelang ihm dies aber immer besser. Als er zum Beispiel eines Tages zufällig dem Bereichsleiter begegnete, blieb der überraschend stehen und verwickelte ihn in ein Gespräch. Zum Einstieg machte er dem kleinen Kämpfer zunächst das Kompliment, dass er auf ihn sehr aufgeweckt wirke und dass er sich freue, solche aufgeschlossenen jungen Menschen im Unternehmen zu haben. Dann fragte er ihn, ob er nicht Interesse habe, gerade weil er noch nicht so lange im Bereich sei, also noch in der Lage, mit unverstelltem Blick das Geschehen anzuschauen, sich neben seiner üblichen Tätigkeit darum zu kümmern, im Bereich liegen gebliebene oder wegen anderer Prioritäten stark verzögerte Vorhaben immer wieder bei den Kollegen in Erinnerung zu rufen oder auch unvoreingenommen und mutig neue Ideen einzubringen – also im Klartext: den eingefahrenen Laden ein wenig aufzumischen. Er, der Bereichsleiter, würde das sehr begrüßen und auch gerne unterstützen.

Früher hätte der kleine Kämpfer ein solches Angebot als außergewöhnliche Wertschätzung und starke Herausforderung erlebt und sich darüber riesig gefreut. Er verspürte, wie ebendieses Gefühl in Sekundenschnelle anfing, in ihm hochzusteigen. Aber noch bevor es so richtig Platz greifen konnte, machte sich die neu entdeckte Kehrseite bemerkbar: Das Geschehen in der Gruppe folgte anderen Gesetzen als denen, auf deren Basis der Bereichsleiter sein Angebot machte. Alten Schwierigkeiten und Fragen hartnäckig nachzugehen oder gar neue Vorschläge und Ansätze einzubringen, und dies alles aus freiem, unbekümmertem eigenem Antrieb entgegen den eingespielten, alters- und funktionsbezogenen hierarchischen Duck- und Hackordnungen, das würde Krieg bedeuten – mit dem Gruppenleiter und den Kollegen. Aus allem, was er tun oder vorschlagen würde, könnte von einem in der Gruppe der Vorwurf herausgehört werden, warum der nicht selbst und nicht schon viel früher dieses betrieben oder jenes angegangen hätte. Sicher, er könnte sich auf den Auftrag des Bereichsleiters berufen. Aber der war weit weg vom Ort des eigentlichen Geschehens. Und deshalb unterdrückte der kleine Kämpfer seine zunächst spontane positive Reaktion und erklärte dem Bereichsleiter weit ausholend, wie gut und sorgfältig doch in der Gruppe gearbeitet würde, wie sehr er noch von den anderen zu lernen hätte und dass er sich einerseits zwar grundsätzlich durch dieses Angebot geehrt fühle, dass es aber andererseits für ihn noch viel zu früh komme und es deshalb fahrlässig wäre, ihm zu folgen. Selbstverständlich wäre er gerne bereit, zum Beispiel im Rahmen der regelmäßigen Gruppenbesprechungen gemeinsam mit den anderen Gruppenmitgliedern an solchen Herausforderungen zu arbeiten. Der Bereichsleiter zeigte für seine Reaktion volles Verständnis – und kam ihm gegenüber auch später nicht mehr auf dieses Thema zurück.

Der kleine Kämpfer war froh, als der Bereichsleiter seine Aufmerksamkeit von ihm abgewendet hatte. Er war erleichtert, diesem »unmoralischen« Angebot und der damit verbundenen Gefahr, übergreifende Verantwortung zu übernehmen, entronnen zu sein. Andererseits gelang es ihm nur mit Mühe, ein in seinem tiefsten Inneren aufkeimendes schlechtes Gewissen zu unterdrücken.

So war es anfänglich schwieriger als gedacht, sich in dieser Zone von Nichtverantwortung wirklich wohlzufühlen. Immer einmal wieder überkam ihn ein solcher Anflug von schlechtem Gewissen, seinem ursprünglichen Anspruch zur Selbstentfaltung nicht gerecht zu werden, ja gar nicht mehr gerecht werden zu wollen.

Als er eines Tages einem sympathischen älteren Kollegen sein Herz ausschüttete, erzählte der ihm eine Reihe von Geschichten, die dazu dienen sollten, sein Gewissen zu beruhigen: Er berichtete eine Fülle von Beispielen, was die Gruppe früher in diesem Bereich des Unternehmens schon alles versucht hatte, um problematische Situationen beherzt anzugehen – und wie erfolglos alle diese Anstrengungen verlaufen waren. Einige Kollegen, die diese Diskussion ganz beiläufig mitbekamen, bestätigten durch Ergänzungen und kurze Kommentare oder auch deutliches Kopfnicken die vorgebrachten Erzählungen. Fazit: Die Klugheit gebot, aus solchen Erfahrungen zu lernen und keine weiteren Anstrengungen zu unternehmen. Eigentlich hätte es dieses Rates nicht bedurft. Der kleine Kämpfer spürte beinahe körperlich, wie einig sich hier die Gruppe war, wie gut sich alle in dieser Haltung wie unter einer wärmenden Glasglocke eingerichtet hatten und dass es einem Treuebruch gleichgekommen wäre, aus dieser wohligen Gemeinsamkeit ausbrechen zu wollen.

Eine weitere Erkenntnis begann den kleinen Kämpfer zu durchdringen: Sei loyal gegenüber deinem Bereichsfürsten – und ausschließlich ihm gegenüber. Zu Beginn seiner Tätigkeit war der kleine Kämpfer noch neugierig gewesen. Er war sehr daran interessiert gewesen, möglichst viel in Erfahrung zu bringen über die Aufgabenstellung und das Geschehen nicht nur in der eigenen Gruppe, sondern auch in anderen Bereichen. Seine Neugierde veranlasste ihn, viele Fragen zu stellen. Hinter seinen Fragen steckte manchmal auch ein kaum zu verbergendes Unverständnis, wie bestimmte Dinge erledigt beziehungsweise eben nicht erledigt wurden. Er merkte schnell, dass derartige Fragen bei seinen Kollegen nicht gut ankamen. Die Hinweise wurden immer deutlicher. »Wir sind wir«, war die Devise, »und die anderen sind und waren schon immer anders …« Und anders sein heißt auf keinen Fall besser, auch nicht gleich gut sein.

Ob es ihm denn im eigenen Bereich nicht gefalle, wurde er gefragt, wenn er positiv oder auch nur interessiert über andere Bereiche redete. Das verstand er als Wink mit dem Zaunpfahl.

Die sieben Unternehmensgebote

Und so war es dem kleinen Kämpfer gelungen, sich den anderen im Unternehmen nahezu perfekt anzupassen. Er hatte den Eindruck, die Menschen im Betrieb richteten ihr Verhalten wie im Straßenverkehr ganz konsequent an bestimmten Vorschriften aus. Zumindest taten das alle diejenigen, die auf keinen Fall unangenehm auffallen, und ganz besonders jene, die Karriere machen wollten. Was ihn aber verwunderte, war: Diese Gebote waren nirgendwo offiziell formuliert, aber jeder kannte sie, hielt sich daran, beurteilte alle anderen danach und wusste, dass auch er danach beurteilt wurde:

Erstens:
Du sollst keine fremden Silos
neben dir haben!

Jedes Unternehmen ist aufgeteilt in unterschiedliche Bereiche, die wie Silos zu behandeln sind. Das Wesentliche an einem Silo ist, dass er geradezu hermetisch von den anderen Silos abgeschlossen ist. Vergiss nie, zu welchem Silo du gehörst, und verhalte dich auch so. Deine Loyalität gehört einzig und allein dem Teilbereich, dem du angehörst. Kümmere dich nicht um das Ganze, schon gar nicht um das Wohlergehen anderer Bereiche. Die anderen sind auf jeden Fall uninteressant, in aller Regel schlechter – und deshalb muss man sich davon abgrenzen. Für dich kann es nur darum gehen, ganz konsequent ausschließlich die Interessen des eigenen Silos zu verfolgen.

Zweitens:
Sei deinem Vorgesetzten ein blinder Gefolgsmann!

Bei allem, was dein Vorgesetzter vorschlägt, wird er sich schon etwas gedacht haben, auch wenn du es nicht verstehst. Gehe immer davon aus, dass er seinen Bereich gegenüber den anderen gut darstellen und sich deshalb von den anderen entsprechend positiv abheben will. Übe dich deshalb ihm gegenüber in vorauseilendem Gehorsam und sei bereit zu stellvertretender Kriegsführung.

Drittens:
Sei kein Held!

Versuche nie, dich aus der Masse hervorzuheben. Bleibe im Mittelmaß, damit du weder positiv noch negativ auffällst. Dadurch wirst du nie in Gefahr geraten, irgendwo anzuecken. Falls du überschüssige Energien in dir verspürst, weil deine Arbeit dich nicht voll auslastet, suche dir ein interessantes Betätigungsfeld außerhalb der Firma, zum Beispiel in deiner Freizeit, im Kreis deiner Familie, bei Freunden oder in Vereinen. Dort kannst du zeigen, was wirklich in dir steckt. Im Unternehmen würdest du mit überdurchschnittlich engagiertem Verhalten nur den allgemeinen Gang der Dinge durcheinanderbringen, der sich über Jahre oder Jahrzehnte hinweg eingespielt und gut bewährt hat.

Viertens:
Traue keinen hehren Werten!

Vergiss all die hehren Visionen und Werte, an denen die Unternehmensführung angeblich das Verhalten aller ausgerichtet wissen will. Vergiss ganz speziell alle Aufforderungen zu Selbstverantwortung, Loyalität, Respekt, Integrität, Begeisterung, offener Kommunikation und Unternehmertum. Es ist alles nur Papier und absolut nicht ernst gemeint. Je edler das Papier, je schöner der Druck, umso grauer die Wirklichkeit. Definitiv gefragt sind stillschweigende Anpassung und bei Konflikten Duckmäusertum. Alles andere ist bloße Managementrhetorik zum Zweck der Vernebelung durch edlen Weihrauch. Ober sticht Unter! Selbstdarstellung, die aus der Reihe tanzt, ist nur denen gestattet, die ganz oben sind.

Fünftens:
Hüte dich vor Identifikation
und Motivation!

Schütze dich vor der Identifikation mit deiner Aufgabe oder gar mit deinem Unternehmen. Du würdest dich dadurch nur selbst ausnutzen. Bekämpfe jeden Anflug von innerer Motivation: Die Arbeit könnte dir dann nämlich sogar Spaß machen, und du würdest dich gefährden, mehr zu leisten als unbedingt verlangt.

Sechstens:
Handle nie spontan, sondern immer nur taktisch!

Bedenke immer die persönlichen Folgen deines Handelns. Sei allzeit auf der Hut. Der einzige Maßstab deines Handelns soll sein: Was nützt es dir für deine persönlichen Zwecke?

Siebtens:
Je geringer der Anspruch, desto höher die Zufriedenheit!

Das Unternehmen ist weder dazu da, dir die Möglichkeit zu geben, dich selbst zu entfalten und dir dadurch das Gefühl zu vermitteln, ein Teil deiner Lebenswelt zu sein, noch bist du dazu da, das Bestmögliche für das Unternehmen aus dir herauszuholen. Dosiere deine Leistung entsprechend deinem Gehalt und nach dem, was die anderen um dich herum tun, richte dich also am allgemeinen Durchschnitt aus – und denke vor allem an Folgendes: Im Falle deines Ablebens sind für dich von Seiten der Firma eine exakt festgelegte Größe der Sterbeanzeige mit einem normierten Text und ein genau kalkuliertes Blumengebinde vorgesehen. Bleibe also mit all deinen Ansprüchen auf einem möglichst niedrigen Niveau, und du wirst mit dem Unternehmen und mit dir hochzufrieden sein.

Der kleine Kämpfer hatte nicht lange nachdenken müssen, um diese Gesetze niederzuschreiben. Es war zu augenscheinlich, wie die Menschen, die im Unternehmen alle Mitarbeiter genannt wurden, sich verhielten – und es war auch ganz offensichtlich, warum sie das taten. Die Sätze formten sich wie von selbst in ihm, er musste sie nur noch zu Papier bringen, als wären sie ihm von einer Stimme diktiert worden.

Als er sich das fertige Pamphlet in Ruhe und aus einem gewissen inneren Abstand ansah, erkannte er plötzlich, was aus dem Niedergeschriebenen zu folgern war: Es gab zwei Welten, die sich grundsätzlich voneinander unterschieden. Sie waren nicht nur unterschiedlich, sondern gegensätzlich. Die eine Welt wollte erkundet, erobert und konnte gestaltet werden, sie hatte er in seinem Dorf gelebt. Die andere Welt war unverrückbar vorgegeben, sie fand er in seinem Unternehmen vor, man musste sie lediglich verstehen, und dann gab es nur eines: sich anpassen und unterordnen.

Der kleine Kämpfer stellte fest, er war grundsätzlich in der Lage, sich in beiden Welten zu bewegen, und somit auch fähig, in beiden Welten zu überleben. Da aber die beiden Welten nicht miteinander vereinbar waren, wurde ihm klar: Er musste sich entscheiden.

Was jeweils für die eine Seite unverzichtbar war, war gleichzeitig für die andere überhaupt nicht annehmbar. Also: entweder sich für nichts verantwortlich machen lassen, sich irgendwie durchlavieren, sich anpassen und auf keinen Fall eigenes Profil zeigen und damit anecken, ganz so, wie er es in Schule und Internat gelernt hatte und durchgängig im Unternehmen erlebte, oder aber wie früher als Kind die Welt neugierig erkunden, alles fragen und hinterfragen, ausprobieren, Stellung beziehen und dadurch sich selbst und anderen zeigen, was in einem steckt und wie viele Möglichkeiten es gibt.

Noch konnte er zwischen den beiden Welten wählen. Aber er spürte instinktiv, es blieb nicht mehr viel Zeit, sich zu entscheiden. Die Neigung, sich unterzuordnen und anzupassen, würde immer mehr zunehmen – und von der früheren Lust und dem inneren Drang nach Unternehmertum würde bald nicht mehr viel übrig sein.

Beunruhigungen und Ausbrüche

In dieser Zeit wurde der kleine Kämpfer wiederholt von merkwürdigen Träumen heimgesucht. Einmal träumte er: *Er war zu Fuß unterwegs, konnte sich zwar später nicht mehr daran erinnern, was genau das Ziel war, aber noch beim Aufwachen verspürte er den ungeheuren inneren Drang, dieses Ziel unbedingt, unter allen Umständen und möglichst schnell erreichen zu müssen. Er wollte rennen. Obwohl er seine ganze Kraft aufbot, kam er aber fast nicht von der Stelle. Jeder Schritt kostete ihn eine ungeheure Anstrengung. Seine Beine waren unsäglich schwer, als wären sie mit Blei gefüllt. Er bewegte sich nur unsäglich langsam vorwärts – wie in Zeitlupe.* Er wachte auf, ohne das Ziel erreicht zu haben. Er fühlte sich wie gerädert, gleichzeitig aber auch erleichtert, weil es ja nur ein Traum war und das Gefühl der bleiernen Schwere innerhalb von Minuten abgeklungen war.

Der zweite wiederkehrende Traum führte ihn zurück in seine Schulzeit: *Er war wieder Schüler. Urplötzlich fiel ihm siedend heiß ein: Er hatte in einem bestimmten Fach noch seinen Abschluss zu machen. Aber gerade in dieser Disziplin hatte er für längere Zeit, Monate oder auch Jahre, den Unterricht geschwänzt. Ihm war klar, es würde ihm nichts anderes übrig bleiben, als sich irgendwie in die*

Klasse hineinzuschmuggeln und das Risiko einzugehen, vom Lehrer enttarnt zu werden. Er stellte sich jedes Mal dieser Herausforderung, ging in die Klasse, beendete aber den Traum so rechtzeitig, dass er nie erfuhr, ob seine Befürchtung, vom Lehrer entlarvt zu werden, eingetreten war und was dann passiert wäre. Das Aufwachen war wie eine Befreiung: Er hatte ja alle diese schulischen Abschlüsse längst erfolgreich hinter sich gebracht.

Den dritten Traum erlebte er als besonders bedrängend, geradezu peinigend: *Er befand sich vor einem großen Gebäude in gotischem Stil, das mit Marmor verkleidet war. Die gesamte Fassade war von einer schmutzigen grauen Masse überzogen, Figuren und Profile nur noch in groben Umrissen erkennbar. Er beobachtete eine Gruppe von Arbeitern, die sich daranmachten, mit einem Hochdruckreiniger das Gebäude zu reinigen. Zu seinem Entsetzen löste der Druckstrahl nicht nur den Dreck von den Steinen, sondern offenbarte, dass unter dem Dreck häufig nur noch kleine Reste der ursprünglichen Figuren waren. Es sah so aus, als ob viele der Profile und Figuren nur durch den klebrigen Schmutz zusammengehalten wurden beziehungsweise durch ihn ersetzt waren. Das Ergebnis der Reinigungsarbeit war eine wunderbar blütenweiße, aber bizarre Landschaft von Umrissen, deren ursprüngliche Formen man nur noch am Beispiel weniger erhaltener und nun in neuem Glanz erstrahlender Figuren erahnen konnte. Die Arbeiter schienen über das Ergebnis ihrer Tätigkeit nicht verwundert, fast so, als ob sie genau dies er-*

wartet hätten, und setzten unbeeindruckt ihre Tätigkeit fort. Dann wollte er eine der Zugangstüren öffnen. Es fehlte aber die äußere Klinke, und nur das viereckige Anschlussteil der inneren Klinke war sichtbar. Er war froh, einen passenden Vierkantschlüssel bei sich zu haben. Als er den verwenden wollte, stellte sich heraus, dass der Schlüssel völlig abgenutzt war, so dass sich die Tür damit nicht öffnen ließ.

Der kleine Kämpfer war überzeugt, dass Träume Botschaften sind. Und zwar Botschaften, die von innen kamen. Botschaften, die er selbst an sich richtete. War doch kein anderer als er selbst der Regisseur seiner Träume. Sein anderes Ich, das sich nur in der Bewusstlosigkeit des nächtlichen Schlafes traute, das Steuer zu übernehmen. Nicht alle Botschaften waren bei der ersten Überlegung klar. Manchmal musste man sie entschlüsseln, ähnlich wie Funksprüche im Krieg. Aber über diese Träume musste der kleine Kämpfer nicht lange rätseln. Die Botschaft konnte kaum eindeutiger sein: ***Stell dich den Herausforderungen und lauf nicht davor weg! Gib nicht auf, auch wenn scheinbar nichts vorangeht! Pass dich nicht dem allgemeinen Mittelmaß an! Pack die Dinge an, die du nicht gut findest. Befreie dich von deiner Lähmung. Bring Bewegung ins Spiel! Kämpfe und sei ein Vorbild für andere! Mach das Spiel! Du musst und du wirst es schaffen! Andernfalls wirst du zur grauen profillosen, klebrigen Masse. Hör auf, immer nur zu beobachten und die gefundenen Missstände zu analysieren***

und zu beschreiben – und dich dann damit abzufinden! Steig herab von der Tribüne, geh aufs Spielfeld, misch dich ein!

Die Botschaft als solche war klar. Aber wo waren die konkreten Ansatzpunkte, um die Botschaft in praktisches Handeln umzusetzen? Wie konnte das erfolgen? Wo waren die Stellhebel? Der kleine Kämpfer wurde von Tag zu Tag unruhiger und aufgewühlter. Würde er diese Wende, zu der er sich aufgerufen fühlte, überhaupt noch schaffen?

Aufbruch zur Unerschrockenheit

Es war als ganz normales Gruppengespräch angesetzt. Alle waren innerlich darauf eingestellt, das übliche Ritual abzuspielen: keine besonderen Vorkommnisse, also auch keine besonderen Maßnahmen. Lediglich wie üblich die allgemeine Aufforderung des Gruppenleiters, auf die Produktivität und Kosteneffizienz zu achten, und die ebenso übliche Reaktion der Gruppe, dies schweigend zur Kenntnis zu nehmen. Dem kleinen Kämpfer war dieses Ritual mittlerweile sehr vertraut, und er verstand auch den eigentlichen Zweck dieser Übung: sich durch die regelmäßige Durchführung dieser Veranstaltung im Unternehmen als sehr fortschrittlich, sprich: kommunikativ und kooperativ zu präsentieren, im internen Bereich aber dafür zu sorgen, dass nichts aus dem Gleichgewicht gebracht wird, nach der Devise: Keine Wellen machen! Vor einigen Tagen war er zufällig dem Bereichsleiter über den Weg gelaufen, der ihm vor einiger Zeit das Angebot gemacht hatte, sich stärker einzumischen und die Gruppe in Bewegung zu bringen. Bei seinem Anblick spürte er wieder das schlechte Gewissen in sich aufsteigen, sich dieser Einladung entzogen zu haben. Gleichzeitig hatte er den Eindruck, dass der Bereichsleiter ihm keine besondere Beachtung schenke, fast über ihn hinwegsah. Die Begegnung hinterließ im kleinen Kämpfer ein Gefühl der Frustration.

Diese Empfindung, vermischt mit der Unruhe, die als Folge seiner Träume zunehmend Besitz von ihm ergriff, war wohl die Ursache dafür, dass er seinen ersten Ausbruchsversuch unternahm: Als der Gruppenleiter, nachdem wie immer seine Ermahnungen schweigend entgegengenommen worden waren, das Gruppengespräch beenden wollte, meldete sich der kleine Kämpfer zu Wort. Er schlage vor, das Gruppengespräch einfach sein zu lassen, weil es ohnehin zu nichts führe, gar nicht führen solle, eigentlich geplante Folgenlosigkeit sei. Die Kollegen starrten ihn erstaunt, ja verblüfft an, der Gruppenleiter fragte ihn mit hochrotem Kopf und erhobener, leicht aggressiver Stimme, was er denn genau meine und wie er dazu komme, einen solchen Vorschlag zu machen. Ruhig erläuterte der kleine Kämpfer seinen Einwurf: Jeder im Raum, auch er, der Gruppenleiter, wisse doch, dass die eigentlich zu besprechenden heiklen Themen aus guten Gründen nicht auf den Tisch kämen. Unter anderem die Sachverhalte, dass etliche in der Gruppe sich deutlich mehr engagierten als andere, dass einige auf Kosten der Übrigen es sicht leicht machten, zum Beispiel beim kleinsten Anflug einer Erkältung zu Hause blieben, dass immer wieder die gleichen Mitglieder der Gruppe sich zur Verfügung stellen müssten, wenn von der Gruppe außerplanmäßige Leistungen gefordert würden, dass insgesamt die Gruppe sich von den Nachbargruppen völlig abschotte und auf jede Bitte nach übergreifender Hilfestellung nur mit Abwehr reagiere. Man wolle sich halt gegenseitig nicht in die Quere kommen, den vertrauten Frieden nicht stören, also habe keiner den Mut oder überhaupt das Interesse, irgendwelche Konflikte in Erscheinung treten zu lassen und sich damit auseinanderzusetzen.

Dem Gruppenleiter verschlug die Reaktion des kleinen Kämpfers fast die Sprache. Mit einem Blick auf die Uhr meinte er nur noch, leider wäre die Zeit jetzt überschritten, um intensiver über diese Unterstellungen diskutieren zu können. Der kleine Kämpfer könne ja beim nächsten Gruppengespräch in einer Woche versuchen, diese Vorwürfe genauer zu belegen, ansonsten müsse er halt auch lernen, die Dinge nicht nur aus der eigenen Perspektive als relativ Neuer in der Gruppe, sondern auch aus der Sicht der Erfahrenen zu verstehen. Aber insgesamt wolle er doch betonen, dass er die Offenheit des kleinen Kämpfers grundsätzlich begrüße, auch wenn er die Beispiele vielleicht zu einseitig ausgewählt und etwas zu schroff vorgebracht habe.

Beherztes Sicheinmischen

Unmittelbar nach diesem Ausbruch war dem kleinen Kämpfer etwas seltsam zumute. Einerseits fühlte er sich gut, weil er es geschafft hatte, kein Blatt vor den Mund zu nehmen und genau das zum Ausdruck zu bringen, was in diesem Moment tatsächlich in ihm vorgegangen war. Andererseits spürte er an der Reaktion seiner Kollegen in den nächsten Tagen, dass er den vollen Durchbruch noch nicht erreicht hatte. Einige gingen ihm absichtsvoll aus dem Weg, andere brachten durch kleine Nebenbemerkungen – wie zum Beispiel »Das musste mal gesagt werden«, »Eigentlich hast du völlig recht« – zwar ihre grundsätzliche Zustimmung zum Ausdruck, machten aber gleichzeitig deutlich, dass keiner von ihnen beim nächsten Gruppengespräch diese Themen aufgreifen und selbst zur Erörterung beitragen würde. Der kleine Kämpfer relativierte in diesen Seitengesprächen keine seiner Einlassungen, wollte sich aber auch nicht völlig isolieren und verzichtete deshalb zunächst darauf, die konfliktträchtigen Aussagen durch handfeste Beispiele zu unterfüttern. Trotzdem spürte er, dass sich etwas verändert hatte. Der Ton untereinander wurde schärfer – vor allem Drückebergern gegenüber.

Kurze Zeit später gab es für ihn ein weiteres einschneidendes Ereignis: Zufällig kam er an zwei Kollegen vorbei, die unübersehbar in einen Disput verwickelt waren. Der eine war ein eher zurückhaltender, aber in der Arbeit äußerst engagierter Kollege, der andere ein Drückeberger par excellence, aber ausgestattet mit einer Argumentationsstärke, die geradezu an Dreistigkeit grenzte. Weil er den Eindruck hatte, dass der sprachlich eher Unbeholfene schon dabei war aufzugeben, blieb der kleine Kämpfer unaufgefordert stehen, bereit, sich einzumischen, und wollte wissen, worum es denn ginge. Als der in die Defensive Geratene ansetzte, ihm den Grund der Auseinandersetzung zu erläutern, fuhr der andere ihm über den Mund mit der Bemerkung, das gehe niemanden als sie beide etwas an, jeder solle sich um seine eigenen Sachen kümmern und sich nicht in fremde Dinge einmischen. Der kleine Kämpfer wusste im Nachhinein auch nicht mehr, woher er in diesem Augenblick den Mut nahm, dem Großsprecher Paroli zu bieten mit der Bemerkung, erstens könne weder Lautstärke noch Rhetorik die inhaltliche Qualität eines Argumentes bestimmen, zweitens sei es sehr wohl Aufgabe innerhalb der Gruppe, sich in Konflikte am Arbeitsplatz einzuschalten – und drittens sei die gerade ablaufende Auseinandersetzung ein treffendes Beispiel für das, was er in dem letzten Gruppengespräch im Allgemeinen angesprochen habe. Beide Kontrahenten waren über die deutliche Reaktion des kleinen Kämpfers verblüfft und verstummten zunächst. Der Zurückhaltende fand als Erster seine Sprache wieder und schilderte den aktuellen Streitpunkt: Gerade jetzt würde der Kollege mal wieder versuchen, sich mit fadenscheinigen Argumenten vor einer Sonderaufgabe zu drücken – und er legte, für den kleinen Kämpfer nachvollziehbar, dar, wie unfair dies anderen Mitgliedern der Gruppe gegenüber sei, die nicht so gut in der Lage wären, sich zu wehren. Der kleine Kämpfer pflichtete der Argumentation bei, verstärkte damit den Druck und drohte, genau diesen Fall im nächsten Gruppengespräch als konkretes Beispiel vorzubringen – und dabei Ross und Reiter zu nennen. Nun war die Verblüffung auf seiner Seite: Der angegriffene Kollege murmelte plötzlich etwas von einem dummen Missverständnis. Selbstverständlich stehe er für diese Aufgabe zur Verfügung, und es hätte dieser Auseinandersetzung gar nicht bedurft, wenn man ihm nur die Zusammenhänge rechtzeitig und besser erklärt hätte. Mit diesen Worten verließ er – wenn auch nicht gerade mit einem sehr glücklichen Gesichtsausdruck – die kleine Arena. Auch der Zurückhaltende und der kleine Kämpfer entfernten sich, nicht ohne sich vorher einen kurzen Blick des inneren Einverständnisses zugeworfen zu haben.

Nach diesem Vorfall ging es dem kleinen Kämpfer deutlich besser als nach dem spontanen Ausbruch im Gruppengespräch einige Tage zuvor. Er hatte dieses Mal eine für alle erkennbare Verhaltensänderung erreicht, die in der Gruppe nicht ohne Nachwirkung bleiben würde. Er spürte in sich die Lust und den Mut wachsen, seine

Haltung zu festigen und weiteren Konflikten in der Gruppe nicht auszuweichen.

In einer der nächsten Nächte überkam ihn der folgende Traum: *Eine Gruppe von Erwachsenen tanzt im Kreis um ein paar Scheite Holz. Sie rufen in rhythmischer Ekstase »Feuer«. Der kleine Kämpfer fühlt sich als Teil in der Runde, gleichzeitig als Beobachter der ganzen Szene, und meint in der Reihe auch seinen scheuen Gesprächspartner vom Vortag zu erkennen. Schließlich entsteht tatsächlich ein kleines Feuer. Nachdem der Tanz beendet und die Ekstase abgeklungen ist, misst der kleine Kämpfer aus einigem Abstand mit Daumen und Zeigefinger der rechten Hand demonstrativ die Höhe des Feuers, um sich selbst und den anderen Beteiligten deutlich zu machen, wie klein das Feuer eigentlich ist. Da taucht plötzlich ein Zauberer auf, ergreift die Hand des kleinen Kämpfers, zieht Daumen und Zeigefinger weit auseinander, und im gleichen Moment verwandelt sich das bislang kleine Feuer in eine hohe, lodernde glutrote Flamme. Die Zuschauer applaudieren und beginnen wieder, ekstatisch um das Feuer zu tanzen. Dann entfernt sich der kleine Kämpfer, wie man eine Bühne verlässt – und noch nach dem Aufwachen kann er sich an das Fazit erinnern, das er bereits als Teil seines Traumes beim Abgang von der Bühne aus dieser Szene gezogen hatte:* ***Was und wie viel wir bewirken, hängt auch vom Anspruch ab, den wir an uns stellen. Oft geht mehr, als wir annehmen – Voraussetzung: Wir glauben daran.***

Der kleine Unternehmer im Unternehmen

Es gab eine dritte Gelegenheit für den kleinen Kämpfer zu prüfen, wie weit es ihm gelungen war, sich aus der bequemen Zurückhaltung und opportunistischen Anpassung zu befreien.

Kurz nach Beginn der Mittagspause, während der er allein im Bereich blieb mit der Aufgabe, den Lauf der Maschinen zu überwachen, kam ein Vertreter der Nachbargruppe mit der dringenden Anfrage, ob es möglich sei, dass am späteren Nachmittag vorübergehend zwei oder drei Kollegen aushelfen könnten, um einige überraschende Ausfälle in der Gruppe zu überbrücken. Der kleine Kämpfer kannte die Arbeitsplanung für den Rest des Tages, wusste, dass es auch in der eigenen Gruppe eng werden könnte, gewann aber durch die detaillierten Informationen des Kollegen die Überzeugung, dass aus übergeordneten Gesichtspunkten viel dafür sprechen würde, dem Hilfeersuchen der Nachbargruppe nachzukommen. Er überlegte, wie das organisiert werden könnte, und entließ den Kollegen mit dem Versprechen, nach der Mittagspause die Gruppe zu einem Entgegenkommen zu bewegen. Sobald die anderen wieder an den Arbeitsplatz zurückkamen, informierte er sie über die

Anfrage und über die Zusage, die er faktisch schon gegeben hatte. Den erwarteten Sturm der Entrüstung, mit welchem Recht er sich herausnehme, im Namen der Gruppe Zusagen zu machen, ließ er in Ruhe über sich ergehen. Dann erläuterte er nochmals nachdrücklich das Anliegen der Nachbarkollegen aus dem übergeordneten Blickwinkel für den gesamten Bereich und stellte der eigenen Gruppe seinen Lösungsvorschlag vor. Er hob dabei besonders zweierlei hervor: Keiner aus der eigenen Gruppe musste bei genauer Betrachtung mehr arbeiten, die Arbeit war nur anders zu verteilen – und, das strich er stark heraus, für die andere Gruppe wäre es eine ganz neue Erfahrung, gerade von ihnen ohne langes Hin und Her Unterstützung zu erhalten. Mit leichtem Schmunzeln auf dem Gesicht merkte er abschließend an, auch oder gerade eine alte, erfahrene Gruppe sollte es sich nicht nehmen lassen, immer mal wieder für eine Überraschung gut zu sein. Er spürte, wie der anfängliche Widerstand zu schmelzen begann, und verließ umgehend den Raum, um die andere Gruppe zu informieren und damit Fakten zu schaffen.

Die Erfahrung, wie es gelungen war, das Denken in Silos zu überwinden, gab seinem Bestreben nach Unternehmertum im Unternehmen einen richtigen Schub. Sein Vertrauen in seine ursprüngliche Stärke, Kontakte gerade auch zu Menschen in einer Situation aufzunehmen, in der es darum ging, von ihnen etwas zu fordern, was eigentlich als eine Selbstverständlichkeit angesehen werden konnte, aber von ihnen so nicht wahrgenommen wurde, gewann zunehmend an Boden. Er erinnerte sich an die zahlreichen Fälle, in denen er sich als kleiner Junge getraut hatte, ausstehende Rechnungen einzutreiben – und wie ihm dies damals schon zur Verwunderung seiner älteren Geschwister und seiner Mutter gelungen war. Das Geheimnis dahinter: nur ein gewisses Maß an natürlicher Zivilcourage und gesundem Menschenverstand, kein Einsatz spezieller Fähigkeiten und langjähriger Erfahrung, sondern eine Sache der inneren Haltung und der entsprechenden Ausstrahlung. Und mit dieser Erkenntnis war für ihn der Kreis geschlossen: Er hatte wieder Anschluss gefunden an das Geheimnis seines ganz frühen, noch unbewusst praktizierten und erfolgreichen Unternehmertums, das auf seiner Kontaktfähigkeit beruhte und nicht auf körperlicher Stärke, mit der man etwas zu bewegen suchte …

Der kleine Kämpfer
rüstet sich
für die Zukunft

Der kleine Kämpfer machte bei der Rückeroberung seiner ursprünglichen Unabhängigkeit von Tag zu Tag sichtbare Fortschritte. Er wusste, er durfte nicht stehen bleiben, nicht zu früh aufhören. Die Verlockung der bequemen Unterwürfigkeit und Anpassung war im Keim immer vorhanden. Sie konnte das gewonnene Terrain schnell wieder besetzen – und er vermutete, dass es noch viel Terrain zu gewinnen gab.

Seine Träume lieferten dem kleinen Kämpfer immer wieder neue Einblicke, Antriebe und den Mut weiterzumachen: *Die feuerroten Haare machten alles klar: Der da vor ihm lief, eigentlich mehr tänzelte als lief, das musste Pumuckl sein. Die freche Unbekümmertheit des kleinen Kobolds hatte es ihm schon immer angetan. Er wollte ihn einholen, doch seine Beine waren schwer, und trotz aller Anstrengung blieb der Abstand gleich. Er versuchte, laut nach Pumuckl zu rufen und so auf sich aufmerksam zu machen. Doch seine Stimme wurde vom umgebenden Raum wie aufgesogen. Vor lauter Anstrengung schloss er die Augen. Auf einmal spürte er, wie eine schwielige Hand ihn liebevoll ergriff und in die Höhe hob. Das konnte nur Meister Eder sein. Leicht verwirrt öffnete er die Augen und sah sich in der Handfläche von Meister Eder, Auge in Auge, dem dicht vor ihm stehenden Pumuckl gegenüber. Der schaute ihn mit hochgezogener Augenbraue an und fragte mit heller Stimme: »Willst du mir vielleicht Konkurrenz machen?« Zunächst verstand er den Sinn dieser Frage überhaupt nicht. Pumuckl bohrte ihm den ausgestreckten*

Siehe zur Figur des Pumuckl auch die Editorische Notiz auf S. 156

Zeigefinger in die Brust und wiederholte seine Frage. Ohne die Antwort abzuwarten, fuhr er fort: »Ich bin nämlich einzigartig. Ich bin ich, und niemand sonst ist wie ich. Du auch nicht. Rote Haare mögen viele haben. Aber das macht nicht den Unterschied aus. Niemand sonst hat meine Art, zu denken, zu reden und zu handeln. Die anderen ducken, schlucken, schleimen. Ich sage, was ich denke, und tue, was ich sage. Und wer bist du, und was willst du hier?« Wie Erbsen aus einem Blasrohr trafen die Worte aus dem Munde Pumuckls den kleinen Kämpfer mitten ins Gesicht. Jedes Wort ein Volltreffer. Und in ihm drängten die Erinnerungen hoch, wie oft er innerlich entrüstet gewesen war, aber kein Wort darüber verloren hatte; wie häufig er vor Empörung geradezu außer sich gewesen war, wenn andere in seinem Beisein ungerecht behandelt wurden, und wie er dieses Gefühl hinuntergeschluckt hatte. In schneller Folge fielen ihm Situationen ein, in denen er aus Feigheit stillgehalten hatte, so dass man hätte glauben können, er sei einverstanden, wo er doch innerlich völlig anderer Meinung war, oder wo er es unterlassen hatte, einem Kollegen beizustehen, nur um bei Vorgesetzten nicht unangenehm aufzufallen. Und dazu kamen die Erinnerungen, wie viele gute Vorsätze er aus purer Bequemlichkeit auf die lange Bank geschoben und dann ganz vergessen hatte. Pumuckls Worte wirkten, als ob sie den Deckel auf all diesen Erinnerungen durchlöcherten. Der kleine Kämpfer erlebte ein regelrechtes Wechselbad von Gefühlen: Scham vor sich selbst, Angst vor den Angriffen Pumuckls, ein Gefühl der

Befreiung – und gleichzeitig eine seltsame Ruhe, weil er sich immer noch in der Hand von Meister Eder geborgen fühlte. Der redete Pumuckl ins Gewissen, er solle aufhören, einen Gast so zu beschimpfen. Pumuckl grummelte noch eine Weile vor sich hin, verlor dann aber entweder das Interesse an diesem Thema oder hatte vielleicht auch sein Pulver verschossen. Stattdessen begann er, ein Lied vor sich hin zu trällern. Der kleine Kämpfer erinnerte sich später nur noch an einen Satz, der so ähnlich lautete wie: ***»Ich bin ich, nur ich allein will für mich zuständig sein.«***

Als der kleine Kämpfer aus diesem Traum erwachte, fühlte er sich voller Kraft, den eingeschlagenen Weg fortzusetzen, um seine ursprüngliche Spontaneität zurückzuerobern. Und das war die Lehre, die er aus seiner Begegnung mit dem kleinen Pumuckl zog: ***Mit kindlicher Spontaneität und lockerer Frechheit die Dinge unverblümt, direkt und ganz natürlich so genau auf den Punkt bringen, dass alles klar ist und trotzdem niemand beleidigt sein kann.***

Was ihn im Traum so intensiv beschäftigt hatte, verlor auch nach dem Erwachen nichts von seiner Schärfe und Klarheit: Wie stark hatte er sich doch in den letzten Monaten zurückgenommen. Er war fast ein Künstler geworden im Verklausulieren und Taktieren, hatte Kreide gefressen, war zaghaft, geradezu feige geworden. Als Beispiel kamen ihm Besprechungen in den Sinn, bei denen der Werkleiter immer wieder Einzelne, die nicht die erwartete Leistung brachten, regelrecht vorzuführen pflegte. Als »öffentliche Hinrichtung« bezeichneten die Mitarbeiter im Geheimen diese Sitzungen. Der kleine Kämpfer überlegte, wie er sich bereits in der nächsten Sitzung anders verhalten würde. Zum einen würde er die geheime Bezeichnung des Vorgangs offenlegen und vorschlagen, ob man nicht folgerichtig den Raum auch mit einem Schafott ausstatten könne. Dazu würde er ein kleines Spielzeugschafott basteln und vor sich auf den Tisch stellen. Auf jeden Fall würde er beim üblichen Spiel nicht mehr mittun, das darin bestand, sich möglichst herauszuhalten, wenn man selbst nicht an der Reihe war, im Gegenteil: sogar Material zu liefern, damit das jeweilige Opfer möglichst lange an der Reihe und man selbst verschont bliebe. Er würde Stellung beziehen, angegriffenen Kollegen Schützenhilfe geben oder auch darauf bestehen, dass der Chef bestimmte Konflikte im persönlichen Gespräch mit dem oder der Betroffenen klären möge. Andernfalls würde er sich der Zuschauerrolle entziehen und den Ort der öffentlichen Hinrichtung verlassen.

Und noch ein Zweites ging ihm nicht aus dem Kopf: Wie sehr er sich in der Hand von Meister Eder aufgehoben gefühlt hatte. Auch wenn er noch nicht im Alter von Meister Eder war, niemand würde ihn daran hindern können, Menschen das Gefühl zu geben, Verständnis gefunden zu haben, darin aufgehoben und beschützt zu sein, gerade auch, wenn sie anderer Meinung waren.

Die Befreiung des Panthers

Er befand sich in einem wunderschönen Park. Er konnte sich nicht erinnern, jemals dort gewesen zu sein. Trotzdem hatte er das Gefühl einer großen Vertrautheit. Er ging zielstrebig, erfüllt mit der inneren Gewissheit, dass am Ziel etwas auf ihn warten würde, was ihm sehr bekannt war. Er bog um eine Ecke und stand unmittelbar vor einem Gehege, und er wusste sofort, hier war der Panther eingesperrt, den der Dichter Rainer Maria Rilke in seinem Gedicht beschrieben hatte. Er war in Paris, im Jardin des Plantes. Selbst im Traum konnte er dieses Gedicht auswendig aufsagen:

Sein Blick ist vom Vorübergehen der Stäbe
so müd geworden, dass er nichts mehr hält.
Ihm ist, als ob es tausend Stäbe gäbe
und hinter tausend Stäben keine Welt.

Der weiche Gang geschmeidig starker Schritte,
der sich im allerkleinsten Kreise dreht,
ist wie ein Tanz von Kraft um eine Mitte,
in der betäubt ein großer Wille steht.

Nur manchmal schiebt der Vorhang der Pupille
sich lautlos auf –. Dann geht ein Bild hinein,

geht durch der Glieder angespannte Stille –
und hört im Herzen auf zu sein.

Wie oft hatte er diesen Panther im Geiste besucht, wie oft das Gedicht innerlich aufgesagt, es Silbe für Silbe an sich vorbeiziehen lassen, es Wort für Wort gleichsam verkostet, bis er es zu verstehen glaubte, ja bis er selbst zu einem Teil davon geworden war, gefangen hinter den Gitterstäben in einem kleinen Leben, dessen großer Sinn nicht klar wurde, der zwar ab und zu flüchtig aufflackerte wie ein Wetterleuchten, das aber nicht genügend erhellte, vor allem nicht beständig genug war, damit man sich daran auf Dauer orientieren konnte. Und das Gefühl einer geballten, aber gleichzeitig auch seltsam sich verlierenden Kraft, die weder weiß, wo sie ansetzen, noch wozu sie sich verwenden will, und deshalb wie eine Kerze immer wieder zu erlöschen droht. Und so stand er vor dem Panther wie vor einem Bruder, wie vor sich selbst, der eine draußen, der andere drinnen, ohne dass dies einen wesentlichen Unterschied auszumachen schien. Der Panther streifte ihn mit einem vertrauten, wissenden Blick, blieb aber nicht stehen, sondern setzte seinen geschmeidigen, zugleich unruhigen Gang entlang der Gitterstäbe fort und sprach auf diese Weise ohne Worte umso deutlicher zu ihm. Dem kleinen Kämpfer war klar, weshalb er diesen Ort aufgesucht hatte, und er spürte, dass der Panther dies auch wusste: Er war dazu berufen, den Panther zu befreien. Er wusste instinktiv, was er zu tun hatte. Wie er es bei einem Kinder-

bett gesehen hatte, musste er nur die beiden mittleren Stäbe mit der Hand umschlingen, kräftig nach unten drücken und sie dadurch aus ihrer verdeckten oberen Halterung lösen. Er schritt unverzüglich zur Tat. Der Spalt, der entstand, war groß genug, dass der Panther sich durchdrücken und in die Freiheit ausbrechen konnte. Der kleine Kämpfer verspürte ein seltsames Gefühl, so als ob er spät, aber nicht zu spät etwas erledigt hatte, worauf der Panther schon Jahre gewartet hatte. Eine Tat, die niemand außer ihm hätte vollbringen können.

Die im Traum enthaltene Botschaft war für den kleinen Kämpfer unverkennbar: ***Wer etwas verändern will, muss Barrieren entfernen und Grenzen überschreiten.*** Gleichzeitig ahnte er, dass hier etwas Grundlegendes angesprochen war, etwas, das eine tiefgreifende Veränderung verlangte. Er grübelte längere Zeit, worin konkret der Bezug zu ihm und seinem Verhalten liegen könnte.

Einige Tage später wurde er eher zufällig in der Kantine Zeuge einer Auseinandersetzung zwischen zwei Gruppenleitern. Nur ganz in der Nähe von ihnen war ein Platz frei gewesen. Unfreiwillig hörte er ihnen zu. Den einen kannte er von unterschiedlichen unerfreulichen Situationen und hatte ihn eindeutig der Gruppe der Unbelehrbaren und Veränderungsfeindlichen zugeordnet. Die Argumente, die er in diesem Gespräch seinem Kollegen gegenüber vorbrachte, wären durchaus beachtenswert gewesen, wenn man ihn nicht gekannt hätte. Der kleine Kämpfer spürte, wie er geradezu begierig dar-

auf wartete, dass endlich ein Argument auf den Tisch käme, mit dem sein persönliches Vorurteil bestätigt und alle anderen guten Argumente entwertet würden. Und genau in diesem Moment tat sich in ihm die Erkenntnis auf, wie die Befreiung des Panthers für ihn selbst und sein Verhalten übersetzt werden könnte: Bereits seit langer Zeit hatte er sich über viele Menschen in seinem beruflichen und privaten Umfeld eine feste Meinung gebildet, sein Urteil gefällt, sie darin festgenagelt und eingesperrt, entsprechende Etiketten verfasst und ihnen diese, für sie selbst unsichtbar, angeheftet. Er hatte sie alle in seine Vorurteile eingekerkert. Sie dort drinnen gefangen zu halten bedeutete, nur das zur Kenntnis zu nehmen, was in das Vorurteil passte, und alles andere auszuklammern oder gar nicht zur Kenntnis zu nehmen. Einige hatte er als rundweg inkompetent etikettiert, einige als gutwillig, aber zugleich völlig naiv, wieder einige als hinterhältig, manche auch als geradezu bösartig. Den Gruppenleiter hatte er als puren Taktiker ein- und abgestuft, der, ohne wirklich Stellung zu beziehen, immer nur versuchte, sich aus allem herauszuhalten. Nichts davon hatte er den Betreffenden selbst mitgeteilt. Er hatte lediglich, das aber konsequent, sein Verhalten ihnen gegenüber entsprechend ausgerichtet. Er hatte sie in seine Beurteilung eingesperrt – ohne ihnen eine Chance zu lassen, sich zu rechtfertigen, eine Möglichkeit, sich zu rehabilitieren, eine Gelegenheit, eine andere Haltung einzunehmen. Diese Festschreibungen waren für ihn auch die Grundlage dafür, nur solche Wesenszüge wahrzunehmen, die ins Bild passten und seine Beurteilung bestätigten. Alle abweichenden Beobachtungen blendete er aus oder tat sie als Ausnahme ab, die die Regel bestätigten. Er hatte keinen Anlass und verspürte auch keinerlei Interesse, diese Menschen immer wieder neu zu entdecken. Er hatte sie abgehakt.

Nach außen tat er so, als sei alles in Ordnung. Wirklich offen für neue Erfahrungen und Erkenntnisse war er nur gegenüber ganz wenigen Ausgewählten. Und das wahrscheinlich auch nur deshalb, weil es sich um Gleichgesinnte handelte, die für ihn wegen ähnlicher Meinungen und Einstellungen pflegeleicht waren. Den anderen ging er einfach aus dem Weg, strafte sie mit innerer Missachtung, hatte sie wegen ihrer Dummheit oder Beschränktheit in seiner virtuellen Behindertenwerkstatt untergebracht oder als schwere Fälle auf seine virtuelle Krankenstation mit einer Spartenvielfalt von innerer Medizin bis zur Psychiatrie verlegt. Die völlig Inkompetenten hatte er als unheilbar bereits auf seinem inneren Friedhof begraben.

Nach dieser Selbsterkenntnis, die ihm auch verdeutlichte, wie überheblich er sich anderen gegenüber gefühlt hatte, beschloss er eine Generalamnestie und entschied, im Rahmen dieser Begnadigung auch die Krankenstationen aufzulösen, die Gräber zu öffnen und die Beziehungsquarantäne aufzuheben.

Eine Schatzkarte der besonderen Art

Der kleine Kämpfer war sich allerdings darüber im Klaren, dass es eine Sache war, eine Entscheidung zu treffen, und eine andere, diesen Entschluss im Alltagshandeln umzusetzen – und dass dazwischen eine weite, steinige Strecke liegen konnte. Er dachte darüber nach, wie er es anstellen könne, sich selbst so zu verhalten und zu Konsequenz zu verpflichten, dass aus dem Vorsatz praktisches Handeln würde. Da fiel ihm ein Buch ein, das er als Kind geradezu verschlungen hatte: *Die Schatzinsel.* Und jetzt wusste er auch, wie er vorgehen würde. Er würde eine Schatzkarte der besonderen Art anfertigen. Dazu erstellte er eine Liste der Personen, mit denen er zurzeit am meisten zu tun hatte, und vermerkte bei allen die Etikettierung, die er ihnen angeheftet hatte. Dann wählte er eine erste Gruppe von Personen aus, die er neu entdecken wollte, übertrug ihre Namen auf die Schatzkarte und formulierte bei jedem mit wenigen Stichworten, mit welcher Zielsetzung und welchem Programm er diesen Schatz heben wollte: Einigen würde er mitteilen, wie er sie tatsächlich erlebte, um ihnen ihrerseits die gleiche Möglichkeit zu geben, die Beziehung neu zu definieren. Bei anderen würde er neue Erkundigungen einziehen, wieder anderen würde er eine neue Gelegenheit geben, sich beruflich zu beweisen oder auch persönlich zu zeigen, damit sie ein neues Profil entwickeln konnten. Er würde auf jeden Fall alle aus dem Gefängnis befreien, in das er sie eingesperrt hatte. Gleichzeitig würde er damit auch sich selbst aus der starren Geschlossenheit und Enge seiner eigenen, bislang unverrückbaren Ansichten lösen.

Und er wollte noch eines tun, nämlich die Gefängnisse und die Etikettiermaschine zerstören und damit sicherstellen, dass er solche Festlegungen in seiner Meinung von anderen Menschen nicht noch einmal vornehmen würde. Er musste nicht lange überlegen, wie er das zustande bringen würde. Eigentlich hatte er im tiefsten Inneren schon immer einen gewissen Argwohn nie ganz unterdrücken können: Die Grundlage für seine schnelle und rigorose Beurteilung könne weniger darin liegen, dass die Anhaltspunkte und Belege so eindeutig und beweiskräftig waren, sondern dass er selbst nicht fähig oder auch nicht willens war, mit Mehrdeutigkeiten und Unsicherheit zu leben. Für ihn war es einfacher, den Sack möglichst schnell zuzumachen, weil er selbst Klarheit, Eindeutigkeit und Unwiderruflichkeit benötigte, damit er sich gut fühlte.

Der kleine Kämpfer kannte sich gut genug, um zu wissen, dass diese Einsicht der richtige Hebel war, mit dem er in Zukunft allen Anfängen wehren konnte, andere in seine persönliche Perspektive und seine persönlichen Erfahrungen einzusperren. Er begrüßte seinen inneren Argwohn, den er bislang, wenn auch vergeblich, zu unterdrücken versucht hatte, als wertvolle innere Einsicht: Je schneller, entschiedener und unbarmherziger seine Beurteilung, umso wahrscheinlicher, dass die Ursache dafür in seiner eigenen Unsicherheit und Angst begründet lag, sich aufmerksamer auf Situationen und Menschen einzulassen. Hatte ihn früher der Stolz auf seine schnelle Beurteilungsgabe dazu getrieben, seiner scheinbaren Begabung nachzugehen, weil er dies für eine Stärke gehalten hatte, würde ihn in Zukunft die Einsicht, dass es sich um eine Schwäche handelt, rechtzeitig stoppen und ihn davor schützen, sich in seiner eigenen Entwicklung zu behindern.

Die Begegnung mit dem kleinen Prinzen

Er sah nicht älter aus, als er ihn von der Zeichnung im Buch her in Erinnerung hatte, obwohl so viele Jahre ins Land gegangen waren, seitdem er dieses kleine Büchlein von Saint-Exupéry gelesen hatte. Der kleine Prinz nickte ihm wie einem alten Freund zu. Der kleine Kämpfer freute sich sehr, ihm persönlich zu begegnen, und verspürte seltsamerweise dennoch gleichzeitig ein schlechtes Gewissen. Er wusste genau, ohne dass Worte gewechselt wurden, was der fragende Blick des kleinen Prinzen ausdrückte. Der kleine Prinz wollte sicher von ihm in Erfahrung bringen, was sich auf diesem Planeten, den er vor so vielen Jahren besucht hatte, mittlerweile geändert hatte. »Nichts«, sagte der kleine Kämpfer, »nichts hat sich geändert. Die meisten Menschen haben nichts dazugelernt. Sie leben so, als ob ihr Leben unendlich wäre. Sie suchen Reichtümer anzuhäufen, finden darin aber selten ihr Glück. Sie beuten andere aus und haben kein schlechtes Gewissen, sich daraus Vorteile zu verschaffen. Sie rennen anderen hinterher, sind auf jeden Fall immer schneller und immer häufiger unterwegs, haben aber kein festes Ziel. Sie haben immer noch keine festen Wurzeln. Völker und Kulturen streiten miteinander darüber, was richtig und was falsch ist. Im Namen der Wahrheit werden Kriege geführt. Es ist sehr ungemüt-

lich geworden auf diesem Planeten, obwohl es vielen eigentlich besser geht als früher. Die Menschen werden älter, bleiben länger gesund, und es sterben nicht mehr so viele an Hunger. Und es gibt einiges Neues auf diesem Planeten, seitdem du damals entschwunden bist – Gutes und weniger Gutes. Es gibt jetzt zum Beispiel ganz große Flugzeuge, die mehrere hundert Passagiere gleichzeitig und auch noch viel schneller und viel weiter transportieren können als damals. Es gibt Fernsehen, Computer und viele technisch ausgefeilte Kommunikationssysteme, mit deren Hilfe alle in der ganzen Welt jederzeit und von jedem Ort aus miteinander in Verbindung treten können. Es gibt viele neue Medikamente, die es den Bewohnern ermöglichen, immer älter zu werden und dabei relativ gesund zu bleiben, jedenfalls gesünder als früher. Nach wie vor gibt es aber auch schlimme Krankheiten, wie zum Beispiel Aids und Krebs, die immer noch schrecklich viele Opfer fordern. Und würden wir die Erkenntnisse aus den Forschungen konsequent anwenden, bräuchte niemand mehr auf dieser Welt zu verhungern. Insgesamt hat sich also, wie du siehst, vieles verbessert. Aber die Menschen selbst haben sich in ihrer Einstellung nicht geändert.« »Wenn sich so viel verbessert hat, warum sind die Menschen dann nicht glücklicher als früher? Haben sie immer noch nicht gelernt, wo das wahre Glück zu finden ist? Suchen sie überhaupt danach?« Der kleine Kämpfer schaute den kleinen Prinzen ratlos an. Er hatte keine Lust, ihm noch weiter über die Fortschritte zu berichten. Er spürte, dass das Interesse des kleinen Prinzen

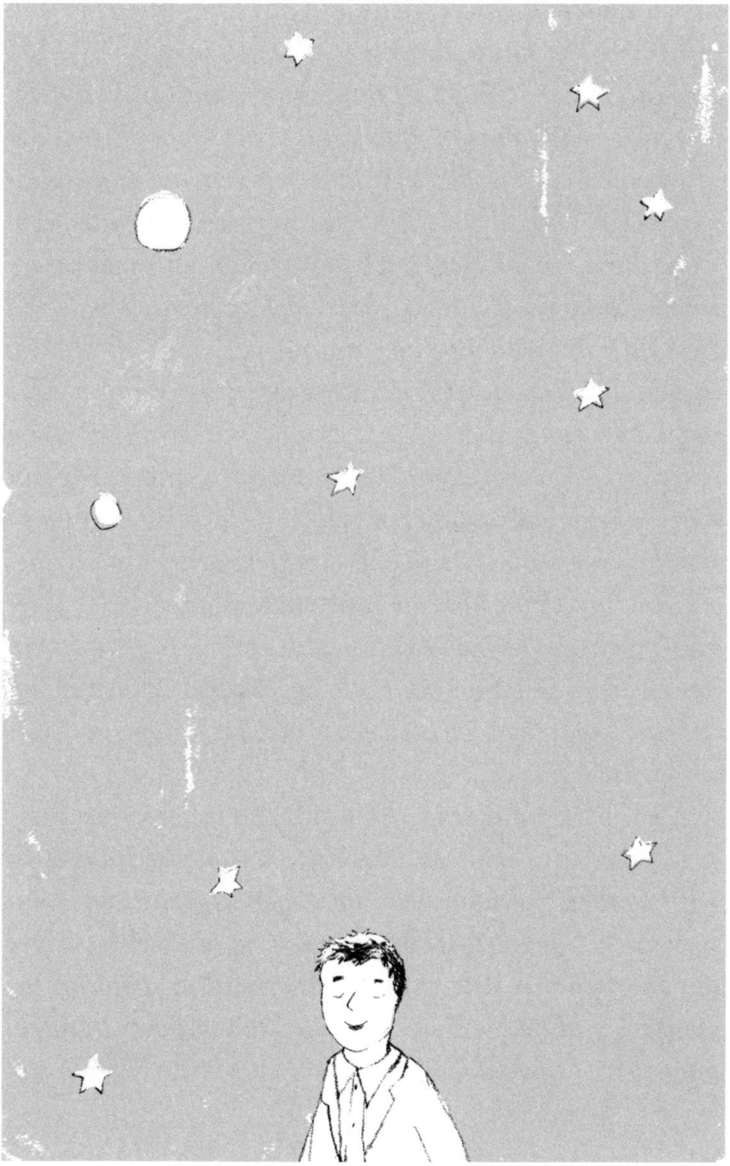

in eine andere Richtung zielte und dass, was immer er ihm bisher erzählt hatte, ihn nicht wirklich berührte. »Aber was ist mit dem Glück? Ist man immer noch nicht zufrieden dort, wo man ist?«, wiederholte der kleine Prinz, der anscheinend immer noch nicht bereit war, auf eine in seinem Leben einmal gestellte Frage zu verzichten. »Ich weiß selbst nicht, wo ich das Glück suchen soll«, antwortete der kleine Kämpfer. »Ich weiß noch nicht einmal, was Glück eigentlich ist. Woher soll ich dann wissen, wo ich danach suchen soll? Vielleicht besitze ich es bereits, erkenne es aber nicht. Nur ganz selten gelingt es mir, ›mit dem Herzen zu schauen‹, wie du es damals genannt hast. Und so wie mir wird es auch vielen anderen gehen. Es ist alles so unübersichtlich, so verwirrend, viel komplizierter als die Geschichte mit deiner Blume und mit deinem Schaf.« Über das Gesicht des kleinen Prinzen glitt ein sanftes, verstehendes Lächeln. Er nahm den kleinen Kämpfer an der Hand, drückte ihm einen leichten Kuss auf die Wange und war verschwunden.

Der kleine Kämpfer wachte auf, und in seltsamer Klarheit stand ihm eine weitere Erkenntnis vor Augen: ***Es wird auch in Zukunft vieles im Argen liegen. Es wird immer auch Ungerechtigkeiten geben, je nach Perspektive des Betrachters. Alle sind schuldig und unschuldig zugleich: Schuldig, weil sie zum Nachteil anderer handeln oder sich daran beteiligen oder daraus ihren Nutzen zie-***

Siehe zur Figur des Kleinen Prinzen auch die Editorische Notiz auf S. 156

hen oder Zeugen solchen Handelns sind und sich nicht einmischen. Unschuldig, weil sie die Folgen ihres Verhaltens nie vollständig überblicken können. Um solche Vielschichtigkeit zu akzeptieren, bedarf es großer Gelassenheit und tiefer Weisheit – und beides ist keine Sache des Alters.

Er erinnerte sich an so viele lautstarke Auseinandersetzungen, nach Art von Stammtischdiskussionen, wo sich Menschen, ohne wirklich Genaueres zu wissen, aber umso heftiger über etwas erregen, wo alle gleichzeitig reden, statt einander zuzuhören, wo sie wie Komplizen nicken, ohne wirklich etwas verstanden zu haben, wo es nur darum geht, Situationen zu beklagen, aber nicht das geringste Interesse daran besteht, einmal die Perspektive zu wechseln, um neue Einsichten zu gewinnen oder selbst die Verantwortung zu übernehmen, sich konkret um etwas zu kümmern.

Der kleine Kämpfer wusste, wie er von jetzt an beim Ausbruch solcher Auseinandersetzungen reagieren würde: Entweder würde er sofort die Arena verlassen, um nicht als Komparse in das Theaterspiel einbezogen zu werden, oder er würde sein Möglichstes tun, damit mehr Klarheit, Genauigkeit und Verantwortlichkeit in die Diskussion kam. Nicht so tun, als ob alles zu jeder Zeit zu jedermanns Zufriedenheit lösbar wäre. Verständnis und Einsicht dafür wecken, dass vieles unfertig und strittig bleibt. Brücken bauen, um die Begegnung von unter-

schiedlichen, zum Teil gegensätzlichen Perspektiven zu ermöglichen, ohne den inneren Druck, immer alles in Übereinstimmung bringen zu müssen. Menschen dazu einladen, sie geradezu verführen, die gleiche Situation aus unterschiedlichen Blickwinkeln anzuschauen und dabei zu entdecken, dass es keine absoluten Wahrheiten gibt, sondern immer nur Überzeugungen aus verschiedenen Sichtweisen. Und darin bestärkte ihn sein letzter Traum:

Der kleine Kämpfer als Virus und Zauberer

So hatte er sich noch nie gefühlt. Er war schwerelos, ohne jede Körperempfindung. Er hatte den Eindruck, überall eindringen zu können, in Gegenstände, Pflanzen, Tiere und Menschen. Ohne Widerstand und ohne dass jemand davon etwas bemerkte. Er konnte jede Barriere, jede Haut, sogar Gedanken durchdringen. Und sobald er irgendwo eingedrungen war, hatte er ein deutliches Bild davon, was sich dort abspielte, ohne dass es ihm jemand hätte erklären müssen: Überzeugungen, Hoffnungen und Verzweiflungen, Ärger und Freude, Mut und Verzagtheit. Und was er besonders aufregend fand: Wie voll es drinnen auch war, es wurde ihm immer Platz gemacht. Dabei war es weniger die Befriedigung seiner natürlichen Neugierde, die ihn so beeindruckte. Sicher, es war interessant, das Innerste von jedem Wesen, das er besuchte, die geheimsten Gedanken und Gefühle wahrzunehmen. Steine, die darunter litten, entweder schon zu lange an derselben Stelle zu liegen oder aus ihrem gewohnten Umfeld herausgerissen zu sein. Pflanzen, die ahnten, dass sie nicht mehr lange Wind und Wetter standhalten würden. Die von allen geliebte und verwöhnte Hauskatze, die sich wunderte, weshalb sie sich nicht verständlich machen konnte, wo sie doch anderer-

seits die Sprache ihrer menschlichen Mitbewohner so gut verstand. Menschen, die nach außen so freundlich und innerlich völlig verzagt waren – und solche, die sich so hilfreich zeigten und doch im Kern nur auf ihren eigenen Vorteil aus waren. Einiges davon hatte er geahnt, vieles überraschte und manches enttäuschte ihn auch, einiges fand er erfreulich und ermutigend, insgesamt war es aber auf jeden Fall aufregend. Völlig faszinierte es ihn allerdings festzustellen, dass er sogar ein Teil der Wesen werden und dadurch bewirken konnte, was immer er wollte, ohne sich selbst dabei aufgeben zu müssen. Er war zum Beispiel in der Lage, seine eigene Stimmung auf andere zu übertragen, er war fähig, Verzagtheit in Entschlossenheit umzuwandeln, er konnte Schmerz durch Trost lindern, und es glückte ihm auch, eingeschworenen Egoisten den Gedanken einzuflößen, anderen zu helfen könnte sogar zu ihrem eigenen Vorteil gereichen, und über den Gedanken hinaus die Lust einzupflanzen, dies auch tatsächlich zu tun. Er war in der Lage, andere zu infizieren.

Er fühlte sich wie ein richtiger Zauberer. Er verspürte eine gewaltige Macht, verbunden mit dem Gefühl einer unendlichen Leichtigkeit. Er konnte gleichzeitig in unterschiedlichen Wesen zu Gast und trotzdem bei sich selbst sein. Er rätselte, wie nachhaltig seine Wirkung wohl sein würde. Er war nicht so naiv zu glauben, dass er überall auf Dauer die gleiche Wirkkraft haben würde. Wahrscheinlich spielte auch die Bereitschaft der Empfänger, seine Botschaft aufzunehmen und zu verankern, eine nicht zu unterschätzende Rolle. Aber immerhin, er war drinnen und er war wirksam.

Unmittelbar beim Erwachen kam ihm in Erinnerung, wie gerne er als Kind anderen Menschen zugehört und mit wie viel Freude er für sie die Bühne gemacht hatte. Und so fiel es ihm nicht schwer, die vierte Einsicht zu formulieren: ***Menschen kann man nur von innen heraus verändern. Hinein kommt man aber nicht durch äußere Gewaltanwendung. Der Weg führt ausschließlich über Zuhören und Sicheinfühlen.***

Der kleine Kämpfer spürte, dass etwas Umwerfendes geschehen war: Er war wieder so spontan und freimütig wie früher. Er hatte die Neigung, sich an die verbreitete Haltung der Bequemlichkeit und Unterordnung anzupassen, überwunden und zu seiner ursprünglichen Wesensart zurückgefunden. Niemand würde ihn mehr aufhalten können, er und nur er selbst zu sein. Es war ihm wieder sonnenklar: Was ich nicht tue, wird nicht geschehen. Statt auf andere zu warten und sich der Hoffnung hinzugeben, dass andere seine Klagen erhören und seine Wünsche erfüllen, würde er in Zukunft Wege finden, wie er die Dinge selbst allein oder gemeinsam mit anderen in Bewegung bringen konnte. Er würde auch alles tun, um die festgeschriebenen Gesetzmäßigkeiten in Vorgängen um ihn herum zu verstehen, wo es solche Unabänderlichkeiten gab, um ihnen Rechnung zu tragen und nicht unnötig dagegen anzukämpfen. Und er würde sich über jeden Millimeter freuen, den er auf diesem Weg vorankam – und wenn dies nicht gelang, würde er die Hindernisse aufspüren, um andere Wege zu finden. Aber eines stand felsenfest: Er würde niemals mehr aufgeben. Alle, denen er in Zukunft begegnen würde, würde er mit dieser Haltung wie mit einem Virus infizieren.

Er war endgültig angesteckt von der natürlichen Frechheit des Pumuckl, spürte die geschmeidige Kraft des befreiten Panthers in sich, fühlte in sich die Weisheit und den Trost des kleinen Prinzen – und war voller Spannung, welche Kostbarkeiten er anhand der Schatzkarte gewinnen würde. Alles war ein Teil von ihm selbst geworden. Eine grenzenlose Energie durchflutete ihn und die Lust, sich in möglichst viele andere Menschen einzunisten als Treiber und Energiespender. Er würde nie mehr aufgeben, sich nie mehr auf die Zuschauertribüne zurückziehen, sondern sich einmischen – und immer wieder den offenen Sprung in die Zukunft wagen. Er würde kämpfen – souverän, gelassen und voll innerer Heiterkeit.

Die weiteren Wege
des
kleinen Kämpfers

Und wenn ihr nun fragt: »Wo lebt der kleine Kämpfer heute? – Was macht er aktuell? – Was ist aus ihm geworden? – Wie geht es ihm heute? – Wie geht es seinem Umfeld mit ihm?«, dann lass ich euch unter verschiedenen Möglichkeiten raten oder auch wählen:

Der kleine Kämpfer als großer Vorstandsvorsitzender

Er steht im Scheinwerferlicht der Öffentlichkeit. Alle beobachten und zerren an ihm: die Anteilseigner, die leitenden Führungskräfte, die Mitarbeiter, ihre Interessenvertretungen, die Analysten. Alle beurteilen ihn radikal und erbarmungslos aus ihrer bewusst eingeschränkten Interessenperspektive. Seine Vorstandskollegen tun ihren Job relativ, manchmal auch zu selbständig innerhalb ihrer vertikal gegliederten Funktionssilos. Er ist umgeben von opportunistischen Stäben und Beratern, die alles tun, um in seiner Gnade zu bleiben. Der Markt ist erbarmungslos, und er weiß, dass er beständig auf der Hut sein muss, um die Zukunftsfähigkeit seines Unternehmens zu sichern. Er spürt zwar den Druck, ist aber voller Zuversicht, dass er sein Handeln an der richtigen Strategie ausrichtet: Er inszeniert sich nicht als Held und

Retter, sondern sein ganzes Bestreben geht dahin, das Potenzial freizusetzen, das im Unternehmen und in den Mitarbeitern steckt. Er beobachtet deshalb sehr aufmerksam, wie das Unternehmen tickt, sucht nach den Blockaden in den ungeschriebenen Gesetzen, holt sich immer wieder aus unterschiedlichsten Perspektiven Einschätzungen über die aktuelle Situation und Ideen zur Bewältigung von Herausforderungen, gibt den Mitarbeitern die Spielräume, die sie brauchen, um ihre Ideen umzusetzen – und zeigt seine Anerkennung, wenn sie dies tun. Andererseits verschont er niemanden mit seinem Feedback, wenn er der Meinung ist, jemand entziehe sich seiner Verantwortung. Aber er macht dies unmittelbar, direkt und immer mit großem Interesse, auch die Sichtweise des anderen zu hören – und immer mit der Anforderung, Lösungen zu finden. Ganz wichtig ist ihm, dass er nicht die Bodenhaftung verliert, die unterschwellige Tendenz der engeren Mitarbeiter um ihn herum zu höfischem Zeremoniell und Hofberichterstattung immer noch rechtzeitig durchkreuzt und sich selbst Eindrücke am jeweiligen Ort des Geschehens verschafft, persönlich bescheiden bleibt und den aktuellen Erfolg des Unternehmens nicht auf sein persönliches Konto abbucht, auch nicht auf seine tolle Strategie, sondern auf das ausgeprägte Engagement der Mitarbeiter und das Quäntchen unternehmerisches Glück, das sie bisher hatten. Er gehört keinem Netzwerk anderer großer Vorstandsvorsitzender an, die regelmäßig miteinander exklusive Hochalpintouren machen oder sich in Davos inszenieren. Seine Bescheidenheit wird übrigens auch dadurch gefördert, dass er das Glück hat, eine Partnerin und Kinder zu haben, die nicht ehrfürchtig zu ihm aufschauen, sondern ihm ungeschminkt sagen, wie sie ihn erleben.

Der kleine Kämpfer als Mitglied eines Management-Leitungsteams

Er hat es noch nicht in den obersten Olymp geschafft. Es war auch nicht sein vorwiegendes Bestreben. Sein Aufgabenfeld erfüllt ihn mit innerer Zufriedenheit gerade auch wegen der aktuellen großen Herausforderungen, die damit verbunden sind. Was ihn dabei aber vor allem zufriedenstellt, ist die Tatsache, dass er nicht nur ausführendes Organ ist, sondern mitentscheiden und mitsteuern kann. Er denkt und handelt nicht nur aus der Perspektive seines eigenen Verantwortungsbereichs, sondern er hat immer die gesamte Prozesskette – Kollegen und Kunden – im Blick. Er verlangt diese übergreifende Perspektive auch von seinen Mitarbeitern und fordert sie auch bei seinen Kollegen ein. Jetzt spürt er am eigenen Leib, dass es gar nicht so einfach ist, das besser zu machen, was er früher an Führungskräften häufig bemängelt hat. Seine übergreifende Perspektive wird von seinen Kollegen nämlich nicht selten als Einmischung in ihre Belange angesehen und ist deshalb keineswegs immer willkommen. Auch der Vorsitzende des Teams ist des Öfteren überrascht, wenn der kleine Kämpfer sich sozusagen außerhalb seiner fachlichen Zuständigkeit bewegt. Aber der kleine Kämpfer macht seinem Namen wirklich alle Ehre und lässt nicht nach. Und noch etwas hat er gelernt: Bei aller notwendigen Beharrlichkeit freundlich zu bleiben, nicht als besserwisserischer Klugscheißer aufzutreten, sondern seine konkrete Hilfe anzubieten, wenn es darum geht, andere Wege zu gehen.

Der kleine Kämpfer als selbständiger Berater

Er hatte ja schon immer das fundamentale Bedürfnis, nicht fremdgesteuert zu werden, nicht auf Anweisung etwas tun zu müssen, von dessen Sinn er nicht überzeugt war. Zu oft hatte er ja im Unternehmen erlebt, wie Mitarbeiter ihren freien Willen, ihre Verantwortungsbereitschaft und ihre Kreativität am Morgen am Betriebseingang abgeben und sie am Abend wieder abholen, um sie dann in ihrer Familie und im Verein zu aktivieren. Deshalb hat er sich entschieden, sich als Berater selbständig zu machen, unter anderem auch aus der Überzeugung, dass ihm hier seine angeborene Lust zum Kontakt mit Menschen und sein tatsächliches Interesse, durch Zuhören auf Erkundung zu gehen, eine gute Basis sein würden. Er ist mittlerweile ganz gut im Geschäft, vor allem deshalb, weil er nicht nur gut beobachtet und analysiert, sondern seine Erkenntnisse sehr klar, ungeschminkt und ohne Girlanden auf den Tisch bringt. Er gilt als unbestechlich in seiner Meinung und wird deshalb auch nur von solchen Auftraggebern angefragt, die auf diese Unabhängigkeit besonderen Wert legen. Sollte ihm jemand das Angebot unterbreiten, ins Management eines Unternehmens einzusteigen, würde er dies nicht von vornherein ablehnen. Er ist überzeugt, dass er mit seiner Grundhaltung auch in der Lage wäre, ein Unternehmen zu führen.

Und wenn euch keine dieser Alternativen so richtig gefällt, dann entwickelt doch eine eigene und schreibt sie mir – vielleicht verfassen wir dann gemeinsam eine Fortsetzung dieser Geschichte.

Am allerbesten

Entdeckt den kleinen Kämpfer in euch selbst! Sucht, wo ihr ihn vergraben oder eingesperrt habt. Grabt ihn aus, befreit ihn, reanimiert ihn. Wenn ihr ihn amputiert habt, gebt ihm seine Gliedmaßen zurück. Wenn ihr ihn gezähmt habt, gebt ihm seine ursprüngliche Spontaneität und Frechheit zurück. Lasst ihn von der Leine. Befreit ihn von dem Maulkorb, den ihr ihm umgehängt habt. Lasst ihm freien Lauf. Nehmt ihn überallhin mit, lasst euch von ihm führen. Falls er euch manchmal zu forsch wird, bittet ihn darum, mit euch etwas mehr Geduld zu haben, erklärt ihm halt, dass jede neue Partnerschaft eine gewisse Eingewöhnungszeit braucht. Aber vor allem: Bekennt euch zu ihm, geniert euch nicht wegen ihm, sondern seid stolz auf ihn.

Und was tun, wenn ihr bei eurer Suche nicht fündig werdet, weil ihr davon überzeugt seid, eure Eltern haben bei euch ganz früh die Entwicklung des kleinen Kämpfers bereits im Keim erstickt? Never give up – und dafür ist es nie zu spät. Heute gibt es keine Eltern mehr, die für euch zuständig wären. Ihr allein seid für euch verantwortlich – in einer Person als Intendant, Regisseur und Hauptdarsteller eures Lebensstücks.

Und wenn ihr das alles nicht wollt? Auch gut. Dann schließt dieses kleine Buch. Legt es irgendwo ab oder auch gezielt irgendwohin, vielleicht packt es euch ja doch einmal – oder vielleicht packt es einen anderen, dem es zufällig in die Hände fällt …

Editorische Notiz

Der kleine Kämpfer ist in seiner Krise ein großer Träumer. Rilkes »Panther«, Saint-Exupérys »kleiner Prinz« und auch der kleine Kobold Pumuckl mobilisieren ihn dabei. Das Gedicht *Der Panther* von Rainer Maria Rilke entstand 1902 und gehört zu den berühmtesten Gedichten Rilkes. Antoine de Saint-Exupérys *Der Kleine Prinz* (Originaltitel: *Le Petit Prince*) wurde erstmals 1943 in New York veröffentlicht, zeitgleich mit der französischen Originalausgabe. Der Text wurde von Saint-Exupéry selbst illustriert. Die illustrierte Ur-Figur des Pumuckl aus der deutschen Hörspiel-, Buch- und Fernsehserie *Meister Eder und sein Pumuckl* von Ellis Kaut wurde in den sechziger Jahren von Barbara von Johnson erschaffen. Damit gilt die Illustratorin und Künstlerin als Urheberin der grafischen Vorlage der Pumuckl-Figur.

Über den Autor

Klaus Doppler ist seit Jahrzehnten persönlicher Berater vieler CEOs in Deutschland, der Schweiz und Österreich. Er hat zahlreiche Unternehmen und Manager in Change-Prozessen beraten und begleitet. Selbst stammt er aus einer Arbeiterfamilie, studierte Theologie und Psychologie und wurde in Tiefenpsychologie und Gruppendynamik ausgebildet. Er veröffentlichte zahlreiche Bücher, u.a. den Klassiker *Change Management – Den Unternehmenswandel gestalten* und *Incognito – Führung von unten betrachtet.*

Über die Illustratorin

Katja Bandlow wuchs in London und Göttingen auf und studierte an der Fachhochschule für Gestaltung in Hamburg bei Professorin Anke Feuchtenberger. Im Jahr 2000 wurde ihre eigenwillige Rapunzel-Adaption *Doucette* im französischen Verlag Grandir veröffentlicht. Seitdem sind zahlreiche Bücher mit Illustrationen von ihr in deutschen, österreichischen, englischen und französischen Verlagen erschienen.

Wolf Lotter

Die kreative Revolution

Was kommt nach dem Industriekapitalismus?

184 Seiten, ISBN 978-3-86774-062-3

Kreative Wirtschaft ist die Ökonomie der Ideen, die wertvoller und nachhaltiger sind als Produkte und Waren. Noch hat sie viele Namen, aber eines ist heute schon gewiss: die Kreativwirtschaft boomt. Und ist damit der Taktgeber von morgen, der Unternehmen auch in Zukunft Gewinne und der Gesellschaft Wohlstand garantiert. Schöpferischer Geist und Unternehmertum wachsen immer stärker zusammen.

WOLF LOTTER hat Kreativexperten eingeladen, mit ihm eine Landkarte dieser neuen Wirtschaft zu zeichnen: In Beiträgen von Lutz Engelke, Peter Felixberger, Dieter Gorny, Matthias Horx, Ralf Langwost und Gesa Ziemer spiegelt sich das wichtigste Kapital der Ideenwirtschaft: Vielfalt.

Dominic Veken

Ab jetzt Begeisterung

Die Zukunft gehört den Idealisten

256 Seiten, ISBN 978-3-86774-063-0

Gegen Orientierungslosigkeit hilft am besten Begeisterung. Kommen Ideale hinzu, die das Gebot der Stunde auf den Punkt bringen, und gibt es Vorbilder, die sie glaubhaft verkörpern, dann entstehen wirkungsstarke Bewegungen. Jazz, Surfer, Rotarier, Hip-Hop, Harvard, Bionade und Barack Obama, alle leben von ihrer Begeisterung für Ideale. Dominic Veken zeigt, dass eine breite und faszinierende Welle an Idealismus bereitsteht – als notwendige Kraft für den Wandel.

Dieses Buch ist cool und engagiert zugleich. Dominic Veken ist ein kluger Deuter gesellschaftlicher Phänomene: Marken, Subkulturen und die Mafia werden von ihm gleichermaßen kenntnisreich behandelt. Ein Buch für alle, die sich mitreißen und beflügeln lassen wollen.

MURMANN